1cm 경제학

살면서 필요한 최소한의 경제 수업

1cm 경제학

연합인포맥스 한컷경제팀 지음

다산 3.0

경제는 단순한 이론이 아니라, 당신이 이미 경험한 일상입니다

『1cm 경제학』의 토대가 된 방송 프로그램 「한 컷 경제」는 강렬한 이미지 한 장으로 시작합니다. 최고가를 기록한 미술품 경매장의 한 장면, 최초의 음악 채널에서 선보인 첫 번째 뮤직비디오, 햄버거 하나를 먹기 위해 긴 줄을 선 사람 등.

'한 컷'을 내세운 이유는 시각 자료를 통해 생생한 이야기를 전달하고자 했기 때문입니다. 단편적인 용어의 나열, 복잡한 그래프에서 벗어나는 것이 프로그램 제작의 출발이었습니다.

「한 컷 경제」는 우리 사회에서 일어난 사건들을 다룹니다. 프로그램을 기획할 때 중점으로 삼았던 점은 '주변의 친숙한 소재와 경제 이론을 어떻게 연결할 것인가'였습니다.

경제란 교과서 속 이론으로만 존재하는 것이 아니라 우리가 겪고 있는 일상이라는 것을 보여주고자 했습니다. 역사적인 순간부터 재미있는 에피소드, 그리고 감동적인 사연을 찾는 것에 중점을 둔 이유입니다.

'한 컷'을 선정하고 그 안에 담긴 경제 현상을 분석하는 과정은 결국 우리 사회를 바라보는 일이었습니다. 시공간을 막론하고 경제 활동은 일어나고 있었습니다. 경제란 사람이 살아가면서 겪는 필수 불가결한 일입니다.

지금 이 순간에도 다양한 경제 활동이 이뤄지고 있습니다. 그것이 결국 여러분의 일상일 겁니다. 이 책을 통해 경제에 한 걸음 더 가까워지는 것은 물론, 내가 번 돈을 지키고 유용하게 쓰는 법까지 배우시길 바랍니다.

-제작진을 대표하여 현성혜 PD

CONTENTS

PART 1

PRIDE

당신의 콧대가 1cm 더 높아진다

PART2
HEART

당신의 속이 1cm 더 깊어진다

PART3
MONEY
당신의 지갑이 1cm 더 두꺼워진다

PART 1

PRIDE

당신의 콧대가 1cm 더 높아진다

1장

감출수록 빛나는 가치

1cm

역대 경매 최고가 기록을
갈아 치운 그림

2012년 5월 2일.

뉴욕 소더비 경매장Sotheby's이 발칵 뒤집어졌다.

그 이유는 한 장의 그림 때문.

낙찰가만 무려 1억 1992만 달러!

우리나라 돈으로 약 1,355억 원에 달했다.

그 그림은 바로 노르웨이를 대표하는 표현주의 화가

에드바르트 뭉크Edvard Munch가 그린 「절규The Scream」다.

지금은 역대 경매 최고가 순위가 4위로 밀려났지만,

2012년 당시만 해도 역대 최고가를 기록한 그림이었다.

그만큼 전 세계 방송사들이 앞다투어 소개할 정도로 큰 화제였다.

도대체 사람들은 왜 이토록 뭉크의 그림에 열광한 걸까?

뭉크는 「생의 춤The Dance of Life」, 「마돈나Madonna」,
「뱀파이어Vampire」, 「키스The Kiss」 등 총 2만 8천여 점을 세상에 남겼다.
이 중에서 「절규」는 뭉크를 대표하는 작품으로
판화를 제외한 총 네 가지 회화 버전이 있다.
우리가 흔히 보아온 버전은 1893년
오일, 템페라, 파스텔로 그린 그림으로
오슬로 국립미술관에 전시되어 있다.

오슬로 국립미술관 오일, 템페라, 파스텔(1893)

뭉크미술관 파스텔(1893)

그리고 1893년 파스텔로 그린 그림과
1910년 템페라로 그린 그림은
뭉크미술관에 전시되어 있다.
지금도 많은 여행자가 이 그림을 보기 위해 노르웨이를 찾는다.
한편 경매에 나온 그림은
어느 미술관에서도 볼 수 없는 그림으로,
1895년 파스텔로 그린 뭉크의 세 번째 「절규」다.

개인소장 파스텔(1895)

뭉크미술관 템페라(1910)

이 세 번째 「절규」를 경매에 내놓은 사람은
노르웨이의 부동산 개발업자이자 선박왕의 아들인 피터 올슨 Petter Olsen.
피터 올슨의 아버지는 뭉크의 이웃이자 후원자였는데,
전 세계 유일무이한 「절규」의 개인 소유자였다.
개인이 소유할 수 있는 유일한 「절규」였다는 점이
많은 미술 애호가의 소유욕을 자극했다는 얘기다.

「절규」를 경매에 내놓은 피터 올슨

그렇다면 피터 올슨이 이 그림을 경매에 내놓은 이유는 무엇이었을까.
그는 뭉크가 작품 활동을 했던 피오르 근처에
뭉크를 기념하는 미술관과 호텔을 세우기 위해 그림을 내놓았다.
「절규」가 경매에 나온다는 소식이 삽시간에 퍼지고
전 세계 미술 애호가들이 경매에 달려들었다.
그들은 세 번째 그림을 얻기 위해 치열한 경쟁을 벌였고,
4천만 달러로 시작한 「절규」는 경매 시작 12분 만에
1억 1992만 달러에 낙찰됐다.

뭉크미술관 석판화(1895)

미치도록 갖고 싶다!
세 번째 「절규」의 비밀

이토록 세 번째 「절규」가 큰 관심을 끈 데는
유일한 개인 소장품이라는 매력도 있지만,
작품 자체가 가진 특별함도 한몫했다.

파스텔로 그린 세 번째 그림은 다른 「절규」에 비해
더 선명하고 강렬하게 표현됐고,
그림 속에 등장하는 인물도 나머지 세 점과 차이가 있다.

고개를 숙여 난간에 기대고 있는 남자는 세 번째 절규에만 등장한다.

미술관이 소장하고 있는 세 점의 그림과 비교하면
그 차이를 더욱 뚜렷하게 알 수 있는데
절규하는 남자 뒤에 보이는 두 남자가 비교 포인트다.
세상에 공개된 세 작품은 남자들이 길을 걸어가는 것처럼 표현했다.
하지만 세 번째 그림은 다르다.
둘 중 한 남자가 고개를 숙여 난간에 기대고 있다.
이 표현은 판화에서도 찾아볼 수 없다.

세 번째 「절규」의 특별한 지점은 이것만이 아니다.
이 그림 프레임에는 뭉크가 직접 자신의 영감을 표현한 시가 있다.
이 시는 「절규」의 탄생 배경을 설명하고 있으므로
그만큼 더 가치가 있다.
시의 내용은 다음과 같다.

어느 날 저녁, 나는 친구 두 명과 함께 길을 따라 걷고 있었다.
나는 피곤하고 아픈 느낌이 들었다.
나는 자연을 뚫고 나오는 절규를 느꼈다.
나는 진짜 피 같은 구름이 있는 이 그림을 그렸다.
색채들이 비명을 질러댔다.

정리하자면,
미술품 애호가들이 「절규」에 열광했던 건
세상에 단 하나뿐인 작품이었기 때문이다.

수량이 적고 희귀한 물건일수록 우리는 그것을 더욱 갖고 싶어 하는데,
이러한 현상을 경제용어로 희소성의 원리라고 한다.

옷 하나 때문에
한겨울 노숙을 감행한 사람들

2015년 11월, 서울 명동의 에이치앤엠H&M 매장 앞.
많은 젊은이가 며칠 밤을 거리에서 노숙하며 긴 줄을 섰다.
이들의 목적은 오직 하나, 한정판 상품을 사기 위해서다.
스웨덴 SPA 브랜드 H&M과 프랑스의 명품 의류 브랜드 발망Balmain이
합작해 만든 옷은 패션 피플 사이에서 큰 이슈였다.

한정판으로 나온 컬렉션 제품은
판매 개시 세 시간 만에 거의 동이 났다.
심지어 인터넷 거래를 통해 웃돈을 얹어
비싼 값에 구매하는 사람들까지 있었다.

어디 이뿐이랴.
2015년 대한민국을 휩쓴 허니버터칩 열풍을 기억하는가?
해태제과가 새롭게 내놓은 이 과자는
감자칩은 짠맛으로 먹는다는 편견을 깨고
단맛이 나는 감자칩으로 엄청난 인기를 끌었다.
매장에 풀리자마자 금세 동이 날 정도였으니,
이 감자칩을 구한 것 자체가 사람들에겐 큰 자랑거리가 됐다.
그러니 누가 시키지도 않았는데,
SNS에 허니버터칩 사진을 올리며 입소문을 냈다.

돈이 있어도 사 먹을 수 없는 이 과자는
소비자를 더욱 안달 나게 했다.
먹지 못한 사람들은 과자를 사기 위해
시내의 슈퍼마켓과 편의점을 돌아다녔고,
밀거래까지 하는 사람도 있었다.

손쉽게 구할 수 없어
더욱 애타는 마음

이렇듯 희소성은 우리 주변에서도 쉽게 찾아볼 수 있다.
그리고 기업은 이 희소성의 원리를 마케팅에 적극적으로 활용한다.
온갖 제품을 다 파는 홈쇼핑만 봐도

'오직 방송 중에만 이 가격', '한정 수량 판매'
등의 표현이 화면 여기저기서 깜빡거리며
소비자의 구매욕을 자극한다.

딱히 필요한 물건이 아니어도 이런 문구를 보면
'나도 한 번 사볼까?'란 마음이 생기고,
'매진 임박' 자막까지 화면에 뜨면 자신도 모르게
주문을 해버리는 경우도 있다.

수량이 적을수록
남들은 갖지 못하는 상품일수록
묘하게 더 갖고 싶은 심리.
이것이 바로 희소성의 원리다.

사실 경제라는 것 자체가 희소성 때문에 시작됐다.
인간의 욕망은 무한한데,
이를 채워줄 수 있는 세상의 자원은 언제나 한정적이다.
그러니 이 한정된 자원을 효율적으로 이용하기 위해서는
무엇을 언제 어떻게 만들어 누가 사용할지 정해야 한다.

그리고 그 결정에 따라 생산을 하고 가격이 정해지며,
판매되고 소비가 이뤄진다.
즉, 희소성의 원리야말로
경제생활의 원동력인 것이다.

비쌀수록
더 사고 싶은 명품

프랑스의 명품 브랜드 샤넬.
이 브랜드의 백^{bag} 가격은 기본 3백만 원이 넘는다.
이렇게 비싼 가격임에도 불구하고

샤넬 백은 여전히 여자들의 로망이다.

오래된 경기 침체로 지갑이 얇아지고
안 입고 안 먹고 안 쓰는 사람들이 늘고 있는 요즘에도
샤넬 백은 승승장구하고 있다.
오히려 가격을 계속 올리고 있는데,
2015년 11월에 평균 7%를 인상한 데 이어
2016년 5월에는 4.4%를 인상했다.
2015년 평균 소비자물가 상승률이 0.7%였음을 고려하면 굉장히 높은 편이다.
하지만 여성들은 여전히 샤넬 백을 갖고 싶어 한다.
그 이유는 무엇일까?

미국 사회학자이자 경제학자인 소스타인 베블런Thorstein Veblen은
1899년 출간한 저서 『유한계급론The Theory of the Leisure Class』에서 이렇게 말했다.

"물건 가격이 오르면 오히려 수요가 증가할 수 있다."

이것이 바로 '베블런 효과Veblen Effect'다.
즉, 가격이 오를수록 누구나 가질 수 없기에
희소성은 더 높아지고,
그 결과 일부 부유계층의 과시욕이나 허영심을 부추겨
오히려 수요가 는다는 것이다.

1980년대 프랑스 사회학자
장 보드리야르Jean Baudrillard도
이 점에 주목했다.
특정한 상품을 가지면
특정 집단에 속하는 느낌이 들기 때문에
사람들이 비싼 가격에도 구매하게 된다는 것이다.

베블런의 『유한계급론』

기회비용을 잘 따지면
인생이 달라진다

우리 인생도 마찬가지다.

간절히 원한다고 해서 뭐든지 다 이룰 순 없다.

자원은 한정된 양만 존재하기 때문이다.

그래서 우리는 끊임없이 선택해야 하는데

선택이라는 동전의 반대편에는 포기가 있다.

경제학에서는 선택으로 인해 포기된 기회(물질, 시간, 돈 등) 가운데

가장 큰 가치를 지닌 것을 '기회비용'이라 부른다.

이 말은 1914년, 오스트리아의 경제학자

프리드리히 폰 비저Friedrich von Wieser가

『사회경제이론Theorie der gesellschaftlichen Wirtschaft』에서 처음 사용했다.

기회비용을 이야기할 때,

빠지지 않고 등장하는 말이 있다.

"세상에 공짜 점심은 없다."

현대 경제학의 아버지라 불리는 미국 경제학자
폴 새뮤얼슨 Paul Samuelson 이 한 말로,
이 말이 나오게 된 배경이 흥미롭다.

20세기 초 미국 동부의 술집에서는 손님에게 공짜로 점심을 대접했다.
얼핏 생각하면 가게는 손해를 보고 손님은 이득을 볼 것 같지만
사실 이득을 보는 쪽은 가게다.

손님들이 공짜 점심을 먹으면서
술도 함께 마시기 때문이다.
술은 공짜 점심 속에 가려진 기회비용인 것이다.

이것을 가리켜 "세상에 공짜 점심은 없다"라고 표현을 한 것인데
이 말은 모든 선택에는 대가가 따른다는 뜻이기도 하다.
선택한 것이 포기한 것보다 더 많은 이익을 가져다줄 때,
우리는 선택에 만족감을 느낀다.
반대로 내가 선택한 것보다 포기한 것에
더 많은 경제적 이득이 있다는 걸 알게 될 때 느끼는
실망감은 이루 말할 수 없다.

이익과 이윤에 민감한 기업들은 이 기회비용을 놓고 늘 고민한다.
신제품이 대박을 터트려 100억 원의 이익이 났다고 하자.
이 회사는 이 100억을 다른 제품을 개발하는 데 쓸지,
더 많은 제품을 판매하기 위해 마케팅에 쏟아부을지,
그것도 아니면 회사 임직원들에게 포상금으로 줄지 고민한다.
어느 것을 선택해야 100억 이상의 가치를 가져다줄지
꼼꼼히 따져본 뒤 움직인다.
그래야 후회가 없고 더 큰 성장을 바라볼 수 있다.

당신은 무엇을 포기할 것인가?

골프 황제 타이거 우즈^{Tiger Woods}도

미국의 명문대인 스탠퍼드를 졸업할 것이냐,

아니면 학업을 접고 골프를 할 것이냐를 놓고 고심했다.

결국 골프를 선택하고 운동에 매진한 결과 세계적인 골프 선수가 됐다.

스탠퍼드 중퇴 직전인 1996년의 타이거 우즈

국회도 매년 한 해 예산을 짤 때 기회비용을 놓고 고민한다.
주어진 예산은 한정적인데 쓸 곳은 많기 때문이다.
이러한 기회비용은 결국 희소성의 원리 때문에 생겨났다.

그러나 한 가지 재밌는 사실은
희소성은 절대적인 것이 아니라
상대적일 수 있다는 점이다.
아무리 비싸고 좋은 제품이라도 내가 필요 없으면 그만이다.
적어도 나에게는 가치가 떨어지는 상품인 것이다.
이를 경제학에서는 '상대적 희소성'이라고 하는데
욕구와 상황에 따라 값어치의 크기를 다르게 느끼는 것을 의미한다.

예를 들어, 연봉 4천만 원을 받는 회사원이 퇴직하여
카페를 차렸다고 가정해보자.
1년 동안 열심히 가게를 운영한 뒤 한 해 순이익을 따져봤는데
손에 들어온 금액은 약 2천만 원.
1년 연봉인 4천만 원과 비교해보면 2천만 원을 손해본 셈이다.
하지만 카페를 운영하는 게 회사에 다니는 것보다 행복했다면
2천만 원의 손해는 감수할 수 있다.
일이 즐겁고 열정이 있다면
다음 해엔 이익이 날 수도 있다.

매킨토시가 출시된 1984년의 스티브 잡스

지금은 고인이 된 미국의 기업가,
스티브 잡스 Steve Jobs 도
어쩌면 상대적 희소성에 의해 인생이 달라진 경우가 아닐까.

대학 졸업장이 시시하게 느껴진 스티브 잡스는 학교를 중퇴하고
동업자 스티브 워즈니악 Steve Wozniak 과 차고에서 애플을 창업했다.
10년 후 그는 4천 명이 넘는 직원을 거느린 회사의 CEO가 됐고
세계에서 가장 주목받는 IT 업계 슈퍼스타가 됐다.
만약 아무것도 포기하지 않고,
남들처럼 대학교를 졸업하고 평범한 직장인이 되었다면?
우리가 아는 스티브 잡스는 없었을 것이다.

애플의 공동창업자 스티브 워즈니악

이처럼 희소성의 원리는 우리 삶에서
무엇을 포기하고, 무엇을 선택할지 고민하게 한다.
그리고 그 결정에 따라 삶은 완전히 달라진다.
자신의 삶뿐만 아니라 세상을 더 좋게 만들 수도 있다.
나를 움직이고 세상을 움직이게 하는 희소성.

지금 당신이 포기한 것이
오늘, 그리고 내일을
변화시킬 수 있음을 기억하자.

2장

다시 미국을 위대하게

1cm

햄버거가 뭐라고

1990년 1월 31일,
구소련 모스크바 푸슈킨스카야^{Pushukinskaya}역 앞의 한 가게 앞.
칼바람이 살갗을 에는 강추위에도
약 3만여 명의 사람이 모여들었다.
이유는 단 한 가지,

햄버거를 맛보기 위해서!

프리미엄 햄버거나 수제 햄버거처럼
좋은 재료로 만들거나 맛이 특별했을까?
아니다!
일반 패스트푸드 전문점에서 파는
평범한 햄버거일 뿐이었다.
그렇다면 그들은 왜 이렇게 이 햄버거에 열광했을까?

맥도널드가
소련을 붕괴시켰다?

"영하 40도의 추위는 추위도 아니며
40도의 술은 술도 아니며
400킬로미터의 거리는 거리도 아니다."

러시아를 표현하는 우스갯소리다.

뭐든지 길고 크고 넓은 이 나라를
작은 햄버거 하나가 발칵 뒤집어 놓았다니,
도대체 무슨 일이 있었던 걸까?

바로 미국을 대표하는 패스트푸드 체인점인
맥도널드 1호점이 들어선 것.
그러니까 맥도널드는 구소련에 처음으로 등장한
자본주의의 상징이었다.

1990년 맥도널드 소련 1호점이 들어서자 햄버거를 맛보기 위해 3만여 명의 사람이 긴 줄을 섰다.

제2차 세계대전 이후,

세계는 미국과 서유럽을 중심으로 한 자본주의 진영과

구소련, 동유럽, 중국을 중심으로 한 공산주의 진영으로 나뉜다.

이 시기를 냉전Cold War 시대라고 부르는데,

이 말은 미국의 백만장자이자

1, 2차 세계대전 당시 전시산업위원장이었던

버나드 바루크Bernard Baruch가

1947년 사우스캐롤라이나 연설에서 처음 사용했다.

서로 다른 이념으로 날 선 대립을 지속해오던 미국과 구소련이었는데,

1985년 미하일 고르바초프Mikhail Gorbachev의 등장으로

구소련 사회가 변화를 겪기 시작한다.

그는 경기 침체와 외교적 고립이라는

난제를 해결하기 위해

대내적으로 개혁perestroika,

대외적으로는 개방glasnost 정책을 펼쳤다.

또 경제 발전을 위해 국가통제체제를 완화하고,

기업과 지방의 자율권을 확대했다.

바로 이 과정에서 자본주의 진영을 대표하는 맥도널드가
모스크바에 입성한 것이다.
참고로 우리나라에는 1988년 서울올림픽을 개최할 당시
서울 압구정동에 맥도널드 1호점이 들어섰다.
한국보다 2년이 늦은 셈이니,
당시 얼마나 냉전이 심각했는지 짐작할 수 있다.

1987년 핵무기 감축조약에 서명하고 있는 고르바초프 소련 대통령과 레이건 미국 대통령

계획경제의 종말
6Й САПЕРН. ЗАПАСН. БАТ.
СПИТЕ БОРЦЫ ЗА СВОБОДУ
СПИТЕ СПОКОЙНОЙ ДУШОЙ
СЧАСТЬЕ ВЫ ДАЛИ НАРОДУ
ВѢЧНАЯ ПАМЯТЬ ВАМЪ
ВѢЧНЫЙ ПОКОЙ!
МЕБЕЛИ.

1917년 러시아 혁명이 일어난 뒤
소비에트 정권은 산업시설을 국유화했다.
국가계획위원회 Gosplan 를 설립해
국가가 농업과 공업 등을 계획하고 통제했다.
이를 계획경제 planned economy 라고 부르는데,
이는 한 나라의 생산, 분배, 소비 등의 모든 경제 활동이
중앙정부의 계획과 통제로 이뤄지는 경제 체제를 뜻한다.

1917년 러시아 혁명 당시 상트페테르부르크 거리

그동안 구소련은 공업, 농업, 상업, 금융 등
모든 것을 국가가 직접 관리하고 운영했다.
하지만 궂은 날씨와 황폐한 토양, 기술력의 부족으로
경제는 계속 뒷걸음질을 쳤다.
생필품 배급도 턱없이 부족해
국민은 가난과 배고픔에 허덕였다.

고르바초프는 이런 문제를 개선하고자
과감히 개방정책을 펼친 것이다.

맥도널드 개점은 바로 이런 개방정책의 첫 신호탄이었다.
실제 햄버거는 구소련 사람들의
생활 방식까지 달라지게 했다.
그동안 국가에서 주는 일과 일당,
그리고 배급되는 식량으로 생활했던 시민들은
맥도널드에서 일하고, 맥도널드 햄버거를 사 먹으면서
내가 한 만큼 벌 수 있고,
번 만큼 쓸 수 있다는
자의식이 생기기 시작했다.
당시 맥도널드에서 630명의 직원을 뽑는데,
약 2만 7천여 명의 구직자가 몰려들었다고 한다.

1990년 새롭게 고용된 모스크바의 맥도널드 점원들이 기존 직원들에게 교육을 받고 있다.

무엇보다 돈이 있어도 배급되는 물량이 부족해
원하는 만큼 먹지 못했던 자들이 가장 기뻐했다.
개수 제한 없이 햄버거를 마음껏 사 먹을 수 있다는
사실 하나만으로 충분히 즐거울 수 있었다.
이처럼 처음 맛본 햄버거는
사람들에게 자본주의의 판타지를 심어줬고,
개방과 변화를 앞당기는 윤활제 역할을 했다.
그러다 결국 1991년 12월 소련이 해체되고
새로운 국가 러시아가 등장했다.
본격적으로 시장경제   체제가
시작된 것이다.

1991년 공산당 강경파의 쿠데타를 제압하고 국회의사당 탱크 포탑 위에 올라선 옐친 대통령

하지만 시장경제 체제의 일방적인 승리로 보기도 어렵다.
현재 대부분 선진국은 혼합경제 체제   를 유지하고 있으니까.
혼합경제 체제는 시장경제와 계획경제를 합친 것으로
사유 재산제와 시장경제를 기본으로 하면서도
정부가 일정 부분 경제에 관여하는 경제 체제다.
정부는 기업의 독점을 막고,
공기업을 운영하여 경제가 원활하게 돌아가도록 한다.
시장경제의 부작용을 억제할 뿐만 아니라
경제의 안정적 성장을 유도할 수 있어
오늘날 대부분 국가에서
이 혼합경제 체제를 택하고 있다.
이를 다른 말로
수정자본주의   라고도 부른다.

보이지 않는 손과
보이는 손

시장경제의 아버지라 불리는 사람이 있다.
바로 영국의 경제학자

애덤 스미스.

국가의 부^富의 본질과 원천에 대해 연구했던 그는
'보이지 않는 손^{invisible hand}'이 경제를 움직인다고 했다.
사회의 모든 구성원에게 무엇을 얼마나 살지,
무엇을 얼마나 만들어 팔지 자유롭게 맡기면
수요와 공급의 균형을 맞춰
자연스럽게 모두에게 유익한 가격이 정해진다는 것이다.
그는 인간의 이기심이 경제 발전을 가져온다고 봤는데,
『국부론』에서는 인간의 이기심에 대해 다음과 같이 설명했다.

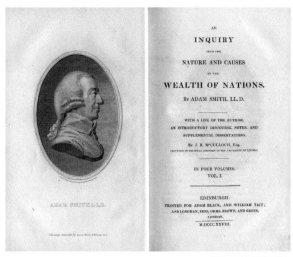

애덤 스미스의 『국부론』

인간은 이익을 얻고자 하는 이기심 때문에 더 열심히 일한다.

이익에 대한 열망이 클수록 더 많은 이익을 얻기 위해 노력한다.

인간의 이기심은 한정적인 자원으로 더 많은 이익을 얻기 위해 노력한다.

자원은 한정돼 있으므로, 이를 가지기 위한 경쟁이 생기게 된다.

경쟁에서 이기기 위해 상대방보다 더 좋은 방법을 끝없이 연구한다.

더 많은 이익을 위해 새로운 관점에서 생각하게 된다.

자신의 이익만을 추구함으로써

개인은 더 자주 더 효율적으로 사회의 이익을 증진할 수 있다.

한편 영국의 경제학자 존 메이너드 케인스 John Maynard Keynes 는
통제하고 관리하는 정부의 역할도 필요하다고 말했다.
그는 경기 침체와 불황처럼 경제 위기에 처했을 경우에는
정부의 '보이는 손 visible hand'이 효과적이라고 말했다.
경제가 어려우면 실업자가 늘어나고 경제가 축소되므로
이를 막기 위해 정부의 적극적인 대처가 필요하다는 것이다.

실제로 케인스의 주장은 1929년 찾아온 미국 대공황 시기에 빛을 발한다.
1933년 제32대 미국 대통령인 프랭클린 루스벨트 Franklin Roosevelt 는
케인스의 조언을 받아들여 뉴딜정책을 실행했다.
정부 지출을 늘리고 대규모 토목사업을 벌여
유효수요를 인위적으로 창출해 무너진 경제를 일으킨 것이다.

이후 뉴딜정책은 인플레이션 등의 다른 부작용을 낳았지만,
중요한 건 시장경제를 포기하지 않아도 되는
한 가지 방법을 찾았다는 것이다.
이는 수정자본주의의 전형으로써,
오늘날 세계 여러 나라의 경제 정책에도 많은 영향을 미치고 있다.

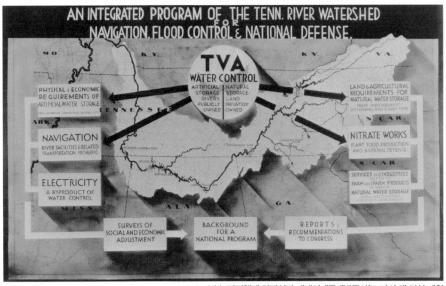

1940년 뉴딜정책에 앞장섰던 테네시계곡개발공사(TVA)의 댐 건설 계획

Make America Great Again!

미국의 기업인이자 제45대 대통령인
도널드 트럼프Donald Trump.
그는 대선 운동을 할 당시,
이 말을 슬로건으로 내세웠다.

"다시 미국을 위대하게!Make America Great Again! "

이 말은 미국 제40대 대통령인
로널드 레이건^{Ronald Reagan}의
대선 캠페인에서 따온 것으로,
트럼프는 80년대 미국 경제가 고공 성장하던 시절의 향수를 자극했다.
로널드 레이건의 경제 정책을 부르는
'레이거노믹스^{Reaganomics}'라는 말이 있을 정도로
레이건의 경제 정책은 미국에 큰 영향을 미쳤다.
지금도 평가가 엇갈리고 있는
레이거노믹스에 대해 간단히 살펴보자.

레이건 대통령이 당선된 당시,
미국은 제1차 오일쇼크가 발생한 이후
심각한 인플레이션을 겪었다.
또 베트남 전쟁의 실패 이후
추락한 미국의 이미지를 회복하려는 방안도 필요했다.

그래서 레이건은
경제를 회복시켜 실업률 문제를 해소하고
떨어진 미국의 위상을 끌어올리기 위해
작은 정부를 내세운 경제 정책을 펼쳤다.
기업 규제를 완화하고, 세금을 인하하고,
정부 지원과 지출을 줄였다.

그러면 기업의 투자가 늘어나 생산성이 올라가고
고용 창출과 소득 증대로 이어질 거라 기대했다.

실제로 어느 정도는 그런 효과가 나타났다.
12%대까지 치솟았던 물가상승률은 4%대로 줄었고,
11%대까지 치솟았던 실업률은 5%대까지 줄었다.
반면 세금을 줄여도 경제가 성장하면
세수 확보에 문제가 없다는 식의 주장은 거짓으로 드러났다.
재정적자가 큰 폭으로 늘어 국가 부채 규모가 세 배 이상 커졌다.
당시는 소련과 군비 경쟁을 치열하게 하던 시기였던 만큼,
군사비 지출에 의한 재정적자의 규모가 컸다.
감세 정책으로 인해 빈부 격차가 확대된 것도 부작용 중 하나였다.

부작용이 분명했던 경제 정책이었음에도
여전히 많은 미국인은 당시의 강한 미국을
아름답게 기억한다.

어쨌건 물가도 잡았고, 일자리도 많았고,
무엇보다 소련과의 경쟁에서 승리했으니까.

빅데이터의 도움으로
계획경제의 시대가 온다?

이처럼 미국 역사를 돌이켜보면
작은 정부가 필요한 시기가 있었고,
큰 정부가 필요한 시기가 있었음을 알 수 있다.
또 급한 문제를 당장 해결하더라도
그로 인한 부작용이 따라온다는 사실도 배울 수 있다.
작은 정부의 부작용을 시장실패,
큰 정부의 부작용을 정부실패로 부르는데,
효과가 컸던 특단의 조치일수록 그 부작용을 피할 수는 없었다.

현재 대부분 선진 국가는 정권과 시기에 따라
작은 정부와 큰 정부 사이를 오가며
그 가운데 어떤 지점에서 균형을 잡으려고 한다.
그리고 여전히 효과와 부작용을 동시에 경험하고,
그때마다 정책을 수정한다.
이처럼 시장경제 체제가 승리할 수 있었던 요인 중 하나는
문제가 드러날 때마다 끊임없이 수정을 거듭해
지속 성장 가능성을 높였기 때문이다.

그런데 최근 앞으로는 계획경제의 시대가
올 것으로 예측한 사람이 있다.

바로 중국 알리바바 그룹의 회장인
마윈馬雲이 그 주인공.

그는 2016년 11월 상하이에서 열린 한 포럼에서 이렇게 말했다.

"2030년엔 계획경제가 더
우월한 시스템이 될 것이다.
빅데이터 덕에 지금의 우리는
예전에 보이지 않던 그 손을
볼 수 있게 됐다."

빅데이터에 근거한 계획경제가
경제 발전에 더 효과적이라는 얘기다.
그는 빅데이터를 글로벌 경제의 X선과 CT 장치에 비유했다.
X선 등이 나온 이후 의학이 천지개벽한 것처럼
미래에는 완전히 새로운 경제 이론이 나올 수 있다는 것이다.
지금까지 보이지 않는 손에 의해 시장경제가 돌아간다고 믿었지만,
데이터가 있으면 예전에 보이지 않던 손이 눈에 보이고
그러면 자원을 보다 효율적으로 활용할 수 있고,
경제의 흐름도 조절할 수 있다고 생각한 것이다.

그의 주장은 경제학자들을 술렁이게 했다.
빅데이터는 예측 마케팅에 주로 활용되는 정보로
장기 계획이 아닌 몇 시간, 몇 분 단위의
실시간 계획을 세우는 데 더 효과적인 정보로 알려져 있다.
그러므로 경제학자들은 빅데이터가 당장의 문제를
해결하는 데는 탁월할지 몰라도 장기적으로 본다면
결국 오류나 부작용을 낳게 될 거라고 지적했다.

과연 마윈이 호언장담한 것처럼 계획경제의 시대가 올까?
빅데이터의 영향력이 자본주의의 큰 흐름을
바꿔놓을 정도로 막강할까?

3장

살아남은 라디오 스타

1cm

비디오가
라디오 스타를 죽였다

Video Killed the Radio Star
Video Killed the Radio Star

팝송에 관심이 없어도, 록을 좋아하지 않아도
누구나 한 번은 들어봤고 기억하는 이 노래.
이 곡은 영국 출신의 록그룹 버글스^{Buggles}가
1980년에 발표한 노래로
지금도 영화, 드라마, 라디오에 심심찮게 등장한다.

그런데 이 노래가 주목받기 시작한 건
한 방송사의 개국과 연관 깊다는 사실,
여러분은 아시는지?

1981년 8월 1일 0시 1분.

자정을 넘긴 시각에도 미국인들은 잠을 잊고 TV 앞에 모여들었다.

세계 최초, 24시간 스테레오 영상·음악 채널인

MTV의 개국을 지켜보기 위해서다.

우주 왕복선 컬럼비아호의 발사 장면으로 시작한 화면은

달 착륙 장면과 함께 요란한 로고송이 울려 퍼졌다.

이때 흘러나온 노래가 버글스의

「Video Killed the Radio Star」였다.

이 음악은 세상을 평정하던 라디오의 시대가
끝났음을 널리 알리는 신호탄이 되었다.

비디오 시대의 시작을 알리는 노래가

「Video Killed the Radio Star」라니.

흥미롭기도 하고 씁쓸하기도 하다.

MTV 개국 전만 해도 미국인들에게

가장 사랑받는 매체는 단연 라디오였다.

하지만 MTV의 등장으로 대중문화의 판도가 크게 바뀐다.

라디오 시절엔 가창력과 연주 실력으로 가수를 평가했지만

영상매체 발달로 인해 실력보다는 외모, 화려한 무대매너 등이 더 중요해졌다.

즉, 음악은 듣는 것이 아니라 보는 것이 되었다.

그래서 사람들은 TV가 라디오 자리를 밀어내면서
완전히 대체할 것이라고 말했다.
실력 있는 스타들이 점점 사라지게 될 거라고 걱정했다.

콜라가 없으면
환타를 마신다

경제학에서는 이러한 관계를
대체재와 보완재의 개념으로 생각한다.
대체재는 재화 중에서 같은 효용을 얻을 수 있는 재화,
쉽게 말해 다른 것으로 대신할 수 있는 것을 말한다.
반면 보완재는 재화를 동시에 소비할 때
효용이 늘어나는 재화로
함께 있어야 만족도를 높이는
보조제의 역할이 강하다.

대체재를 설명할 때 나오는 대표적인 말이 있다.

엘리자베스 루이 비제 르 브룅이 그린 마리 앙투아네트(1783)

바로 10세기 프랑스, 마리 앙투아네트가 했다고 알려진,
"빵이 없으면 케이크를 먹어라."
실제로 그녀는 그런 말을 한 적이 없고,
반대 세력이 악의적으로 소문낸 말이라고 하는데,
너무나 어처구니가 없기에 여전히 사람들 입에 오르내린다.
한마디로 대체재를 취하라는 소리인데,
굶어 죽어가는 사람에게 케이크라고 있겠는가?

대체재와 보완재를 설명할 때 또 하나 빠지지 않는 것이 있다.
바로 콜라와 환타.
톡 쏘는 탄산과 함께 달콤한 맛이 일품인 콜라!
콜라는 1886년 약제사였던 존 펨버턴^{John Pemberton}이
코카잎 추출물, 콜라나무 열매 그리고 시럽 등을 혼합하여 만든 음료다.
처음엔 두뇌 강장제로 개발했기 때문에 약국에서 팔았다.

당시에 하루 평균 6잔 팔리는 것이 전부였던 음료지만
애틀랜타의 사업가인 아사 캔들러^{Asa Candler}가 나서면서
콜라는 전 세계인이 사랑하는 음료가 됐다.
특히 독일에서의 인기가 대단했다.
독일은 미국 다음으로 콜라 소비량이 많은 곳이었고,
제2차 세계대전이 발발하기 직전인 1939년에는
43곳의 콜라 제조 공장과 600여 곳의 공급처가 있었다.

그러나 1941년 미국이 참전하면서 독일에 콜라 원액 공급을 중단했다.
콜라 생산을 할 수 없던 독일은
콜라를 대체할 음료가 필요했다.
그러나 전쟁 중에 음료를 개발하는 일은 여간 힘든 일이 아니다.
재료를 구하는 것조차 어려웠다.

독일 코카콜라 지사장이었던 막스 카이트^{Max Keith}는
고심 끝에 두 가지 재료를 골랐다.
첫 번째 재료는 우유 찌꺼기인 유장^{乳漿}인데,
이 노란 액체에서 오렌지 맛이 난다고 한다.
그리고 나머지 하나가 사과술을 만들고 남은 섬유질이다.
이 둘을 섞어 음료를 만들었는데, 그 맛이 기막혔다.
그래서 환상이라는 뜻을 가진 독일어 Fantasie를 본 따
이름을 환타^{Fanta}라고 지었다.
이 오렌지색의 단 음료는
콜라 생산 중단의 아쉬움을 달래줬고
나중엔 설탕을 대체하는 조미료로도 쓰였다.
전쟁으로 해상 운송 통로가 모두 막혀 사탕수수 수입이 끊긴 독일.
독일 주부들은 설탕 대신 환타를 수프나 음료에 넣었다.
실제로 1943년 한 해 동안 팔린 환타가 3백만 병 정도라고 하니,
그 인기가 어느 정도인지 짐작할 수 있다.
환타는 콜라의 대체재로 톡톡히 제 역할을 해냈고
지금도 전 세계적으로 인기 있는 음료로 자리매김했다.

가격 결정은 가위의 양날

영국의 경제학자인
앨프리드 마셜 Alfred Marshall 은
가격 결정에 대해 '가위의 양날' 같다고 설명했다.

가치가 효용에 의해 결정되는지,
생산비용에 의해 결정되는지 논하는 것은
종이를 자르는 것이 가위의 윗날인지 아랫날인지
구분하는 것과 다를 바 없다는 것이다.

이 말은 어떤 재화나 서비스의 가격을 결정할 때
수요에 의해서만 가격이 결정되지도 않고,
공급에 의해서만 결정되는 것도 아니라는 뜻이다.
수요와 공급이 일치하거나 적정한 선에서 균형을 이룰 때
안정된 물가를 유지할 수 있다.

대체재나 보완재는 수요에 영향을 미치는 요소이기도 하다.
이 개념은 시장이나 마트에 가면 쉽게 이해할 수 있다.
만약 커피 원료가 비싸지면 사람들은 커피 대신
홍차나 녹차를 많이 사 먹을 것이고
커피는 팔리지 않아 가격이 내려간다.
보완재 역시 서로 영향을 미친다.
자동차의 보완재인 휘발유 가격이 오르면,
자동차를 끄는 사람이 줄어들고
자동차를 사는 사람 또한 줄어든다.

로봇이 사람을 대체할 수 있을까?

"직원 시급을 올려줄 바에야 로봇을 쓰겠다."

이 말은 2016년 5월, 전 맥도날드 CEO인
에드 렌시Ed Rensi가 한 말이다.
감자튀김을 포장하는 직원에게
15달러를 주는 것보다
차라리 3만 5천 달러짜리
로봇 팔을 사는 게 더 낫겠다고 했다.

그의 말을 허튼소리로 넘길 수가 없는 것이
실제 4차 산업혁명이 가시화되면서,
로봇이 인간의 일자리를 대체할 거라는
두려움은 점점 더 커지고 있다.
인간을 대신해 투입된 로봇들은 이미
여러 공장에서 확인할 수 있다.
중국 장쑤 성에 있는 폭스콘 공장에서는
최근 폭스봇이라는 로봇이 대거 도입되며
6만 명의 노동자가 일자리를 잃었다.
2020년까지 완전 자동화를 선언했으니,
공장에서 쫓겨나는 사람은 더 늘어날 것이다.

이러한 움직임은 비단 공장에서만 일어나는 게 아니다.
금융업계에서도 '로보어드바이저^{Robo-Advisor}'가 도입되어,
인간인 펀드매니저와 경쟁하고 있다.
로보어드바이저는 로봇^{robot}과 투자전문가^{advisor}의 합성어로
로봇이 투자자의 성향에 맞춰 자동으로 포트폴리오를 짜고 조정해주는
자산관리 서비스다.

최근 인간이 기업을 분석해 투자 포트폴리오를 짜는
액티브 펀드에서 좋은 성과가 나오는 경우가 별로 없어
펀드의 인기는 과거에 비해 시들해졌다.
대신 특정 지수를 추종하는 패시브 펀드가
하나의 대안으로 떠오르고 있는데,
로보어드바이저는 이 패시브 펀드를 안정적으로
운영하는 데 탁월한 성과를 낼 것으로 기대를 모은다.
이처럼 안정적인 데다 수수료도 낮으므로
우리보다 몇 년 앞서 로보어드바이저를
도입한 미국에서는 이미 많은 투자자에게
인간 펀드매니저의 대체재가 되었다.
높은 수익률을 올리지는 못해도,
안정적인 수익률을 올릴 수는 있는 로보어드바이저.
과연 인간은 금융업에서도 로봇에게 일자리를 빼앗기게 될까.

그래도 아직은 대체재로서의 로봇보다는
보완재로서의 로봇이 더 많아 보인다.
수술 로봇은 외과 전문의가 있어야 제 기능을 발휘할 수 있고,
물류창고의 로봇도 아직은 인간의 존재가 필요하다.
언제, 어떻게 완전히 대체될지는 쉽게 예상할 수 없지만,
아직은 시간이 있으므로 우리는 미래를 준비해야 한다.

로봇의 존재가 가장 빛나는 장소는 단연
위험물질을 다루는 현장이나 재난 지역처럼
사람이 작업하기 힘든 환경이다.
인간의 위험한 일을 대신해주는
로봇이라면 당연히 마다할 이유가 없다.

온실가스 감축과 일자리 문제를
보완재로 사고한 파리협정

인간의 일자리를 빼앗는 건 로봇만이 아니다.
환경 문제 역시 인간의 일자리를 빼앗는 요인이 될 수 있다.

2015년 12월 12일 프랑스 파리.
미국과 중국을 포함한 총 195개국이 전 세계 온실가스 감축을 위해
파리 기후변화 협정을 맺었다.
이 협약으로 우리나라도 2030년까지 온실가스를
배출전망치^{BAU} 대비 37% 수준으로 감축해야 한다.

이 파리협정은 2020년 만료 예정인 교토의정서의 대안이다.
역시 가장 크게 달라지는 부분은 선진국뿐만 아니라
모든 국가가 온실가스 배출량을 줄여야 한다는 것.
온실가스는 주로 석유와 석탄에서 나오는데
이는 현대 산업 발전에 근본이 되는 물질이다.
우리가 쓰고 있는 거의 모든 물질이
이 석유와 석탄을 원료로 하고 있으므로,
온실가스 배출량을 줄이기 위해서는
결국 석유와 석탄 사용을 줄여야 한다.

문제는 탄소를 줄이는 고급 기술을 갖춘 선진국과는 달리
개발도상국은 산업 발전에 큰 타격을 받게 될 거라는 것.
석유와 석탄 사용이 제한되면 공장은 멈추고
실업자는 늘어날 것이라는 게 개발도상국의 주장이었다.
그런 주장이 먹혀 교토의정서에서는 개발도상국들이 빠질 수 있었다.
당시 한국도 개발도상국으로 분류돼 감축 의무가 없었다.

그렇다면 파리협정에서는 왜 개발도상국들이 모두 포함된 것일까?
교토의정서 때와 확실히 다른 부분이 하나 있었다.
그건 바로 지구를 위협하는 이산화탄소를 줄이되
저탄소에 대한 투자를 늘려 더 많은 일자리와 경제 성장을
끌어내겠다는 내용이 들어가 있었던 것.
실제로 우리나라 역시 파리협정을 기회 삼아
신재생에너지 사업 등을 크게 키우려고 한다.

교토의정서가 온실가스 감축과
일자리를 대체재로 사고했다면,
파리협정은 그 둘을 보완재로 사고한 셈이었다.

애플의 문을 두드린
나이키

세계 1위 스포츠용품 업체인 나이키는
1994년부터 1998년까지 5년 연속 실적이
세 배 이상 뛰어오르는 성장률을 기록했다.
그러다 어느 순간 성장률이 둔화됐고,
나이키는 문제 해결을 위해 곧바로 분석에 들어갔다.

흥미롭게도 나이키는 경영 분석 결과
경쟁상대가 아디다스, 리복, 푸마 등의
동종 업체가 아니라 소니, 닌텐도, 애플 등의
IT 업체라고 결론 내렸다.

과연 그 이유는 무엇일까?

2006년 나이키 CEO 마크 파커와 애플 CEO 스티브 잡스의 공동 신제품 발표 현장

나이키의 주요 고객은 청소년이다.
그들은 부모에게 용돈을 받으면,
돈의 60%를 신발이나 스포츠용품 구매에 썼다.
그런데 IT 게임의 등장으로 운동화 대신
게임을 하는 데 많은 돈을 쓰기 시작했다.
청소년의 소비 트렌드가 전환된 것이다.

나이키는 성장률 회복을 위해 애플의 문을 두드렸다.

조깅하는 사람들이 달리는 동안 지루함을 덜기 위해
MP3를 듣는다는 점에 착안하여
나이키 운동화 밑창에 센서를 달고 아이팟에 연동시키게 했다.
그러면 아이팟 LCD 창에 하루 운동량이 기록됐다.
이것이 '나이키, 아이팟 스포츠 키트'다.
나이키는 경쟁업체로 파악된 IT 업계를 파트너로 삼고
함께 성장할 방법을 모색했다.
운동과 IT 기술을 대체재가 아닌 보완재로
인식을 전환하여 위기를 기회로 역전시킨 것이다.

그럼, 다시 원점으로 돌아가자.

처음 말했던 라디오는 TV의 대체재일까, 보완재일까?
모두 알다시피 라디오는 살아남았다.
MTV가 개국한 지 30여 년이 흐른 지금,
예전만큼의 인기는 아닐지라도,
라디오는 여전히 사랑받는 매체 중 하나다.
라디오는 어떻게 살아남을 수 있었을까?

먼저 청취자와의 적극적인 소통으로
사람들의 마음을 파고드는 데 성공했다.
그리고 다른 일이나 운전을 하느라
눈을 다른 데 돌릴 수 없는 사람들에게
더할 나위 없이 유용한 매체가 되었다.

TV가 할 수 없는 일을 해냈기에
라디오는 TV의 보완재가 되어 당당히 살아남았다.

TV에 밀린 라디오부터
IT 기술에 밀린 나이키까지
대체재에 밀려나는 게 아니라,
보완재가 되거나 보완재로 삼아버리면
위기를 극복할 수 있다.

앞서 설명한 로봇 문제도 마찬가지 아닐까?
로봇이 절대 따라올 수 없는 능력을 무기 삼아
로봇을 보완재로 활용할 수 있는 지혜를 발휘한다면
인간이 설 자리를 위협받는 일은 없을 것이다.

4장

뜨겁지도 차갑지도
않은 스프

1cm

두 차례의 연탄 파동

지금은 도시가스가 들어와 가스보일러를 많이 사용하지만
1980년대만 해도 연탄을 때는 집이 많았다.
TVN 드라마 「응답하라 1988」을 보면
연탄을 창고에 1,000장씩 쌓는 것을 부러워하는 장면이 나온다.
주부들이 겨울나기 준비를 위해 제일 먼저 하는 일은 김장과 연탄 비축이었다.

1974년 2차 오일쇼크로 정부가 연탄 사용을 독려하자 연탄 파동이 일어났다.
당시 연탄을 구입하기 위해 긴 줄을 서야 했던 사람들.

우리나라는 1966년, 1974년에 크게 연탄 파동을 겪었다.
1966년은 겨울 한파가 일찍 닥쳤기 때문이고,
1974년은 오일쇼크로 원윳값이 폭등해서
그 대체재였던 연탄값까지 폭등해버렸다.
사람들은 봄부터 연탄을 사기 위해 서둘렀고 여름에는 연탄이 동이 나는 등
당시 연탄은 '검은 보석'이라는 별칭까지 붙을 정도로 귀했다.

Sorry! NO GAS!

1973년 10월 제4차 중동전쟁으로 인해 전 세계는 큰 혼란에 빠졌다.

석유를 수출하는 페르시아 만의 6개 석유수출국

이란, 이라크, 쿠웨이트, 사우디아라비아, 카타르, UAE에서

원유 고시 가격을 17% 인상한다고 발표했다.

또한, 이스라엘을 지지하는 서방세계에 맞서기 위해

매월 전월보다 5%씩 원유 생산을 줄인다고 발표했다.

중동에서 원유 공급을 갑자기 확 줄이자

산업은 물론 생활에도 적잖은 타격이 왔다.

미국에서는 1갤런에 30센트 남짓하던 기름값이

두 배로 뛰며 자동차에 기름을 넣기 위해 주유소 앞에서

줄을 서는 진풍경이 연출되기도 했다.

일본에서도 갑작스러운 물가 상승을 대비해 생필품 사재기 열풍이 불었다.

화장지 가격이 4배로 껑충 뛸 정도였으니

그 위협이 어느 정도인지 짐작할 수 있으리라.

사람들은 이 현상을 가리켜 제1차 오일쇼크^{oil shock},

혹은 석유 파동이라 부른다.

현대 산업의 기본 재료는 석유다.

섬유를 비롯해 화장품, 지우개, 의약품, 필름 등

금속, 종이, 유리를 제외한 거의 모든 물질을 만드는 데 쓰인다.

따라서 석윳값이 크게 오르면 물건을 적게 생산하거나

생산단가를 맞추기 위해 가격을 올릴 수밖에 없는데

그러면 당연히 소비는 줄고 돈이 돌지 않으니

경제는 성장하지 않고 멈추게 되는 것이다.

우리나라의 경우 제1차 오일쇼크보다
제2차 오일쇼크 때 상황이 더 심각했다.
제2차 오일쇼크는 1978년 12월 이란 유전 노동자들이
팔레비 왕정 타도를 외치며 파업에 들어가면서 시작됐다.
이란은 하루 6백만 배럴 분량인 석유 생산량을 2백만 배럴까지 축소했다.
그 이후 석유 가격은 가파른 상승 곡선을 그리며 쭉쭉 올라갔다.
1978년 12월 배럴당 13달러였던 유가가 1981년 1월엔 39달러까지 찍었다.
그 여파로 우리나라는 1980년대의 실질성장률이
경제 개발 이후 처음으로 마이너스를 기록했다.
물가상승률은 무려 28.7%에 달했으며,
실업률은 5%를 넘어섰다.
그야말로 큰 타격이었다.

미국 캘리포니아 셰일오일 채굴 현장

한편 미국의 셰일오일 채산성이 좋아지면서,
2015년부터는 석유가가 급속히 떨어지기 시작한다.
석유수출국기구^{OPEC} 또한 미국 업체와의 경쟁에서 승리하기 위해
석유 생산을 늘려 가격을 낮추는 전략을 고집한 것.
전에 없던 저유가로 항공권이 싸져 사람들은 여행을 많이 떠났고,
중동 경기가 악화하면서 국내 건설사는 해외사업 수주에 애를 먹었다.

유럽을 위협하는 러시아산 가스

중동이 석유로 서방세계를 쥐락펴락했다면
러시아는 천연가스로 유럽을 흔들고 있다.
EU 전체 천연가스 수입량의 23%를 점유하는 러시아는
분쟁이 생길 때마다 천연가스 공급을 중단했다.
특히 러시아와 가까운 동유럽이 피해를 많이 봤는데
대표적인 국가가 우크라이나와 슬로바키아다.
우크라이나는 2004년에 일어난 오렌지 혁명 이후
세 차례나 가스 공급이 끊겨 애를 먹었다.
러시아에서 생산된 가스는 가스관을 통해 우크라이나를 지나
유럽으로 공급되는데, 우크라이나 크림반도 병합 문제로
2009년 겨울에도 천연가스 공급을 중단했다.
이 조치로 제일 큰 피해를 본 건 슬로바키아였다.
가스 수요 대부분을 러시아산에 의존하고 있었으므로
사람들은 차디찬 겨울을 보내야 했다.

시베리아와 유럽을 잇는 가스관

석유와 천연가스라는 재화의 희소성 때문에
전 세계 경제가 휘청거리는데,
이 현상을 통해 우리는 수요와 공급이라는
경제 개념을 배울 수 있다.

재화의 가격을 결정하는 가장 중요한 요소는 수요와 공급이다.
앞서 설명했던 석유를 예로 들면
석유 공급량이 줄면 당연히 사려는 사람은 많아지고 가격은 올라간다.
또 석유를 기초로 해서 만든 제품의 가격도 함께 올라간다.
반대로 석유 공급량이 늘면 제품 생산도 늘고 가격도 싸진다.

부유층의 상징, 포니

수요와 공급을 변화시키는 요인이 몇 가지 있다.

첫째는 소득이다.

소득이 높아지면 소비가 늘고, 경제가 성장한다.

1980년대부터 우리나라의 국민소득이 높아지자 마이카 붐이 일었다.

국산 승용차 1호인 '포니'는 부유층의 상징이었고,
오래지 않아 전역에서 자가용을 갖는 것이 유행이 됐다.

우리나라의 자동차 산업이 발달하게 된 것도 바로 이때부터다.

우리가 즐겨 마시는 커피도 마찬가지다.
서울올림픽이 개최되던 해인 1988년,
서울 강남구 압구정동에 첫 번째 원두커피 전문점
'쟈뎅'이 생겼다.
그리고 1990년대부터 본격적으로 원두커피가 유행하기 시작했다.
지금은 일반화됐지만 1980년대만 해도
한 잔에 3,000~4,000원 하는 커피를 카페에서
사 마신다는 건 상상할 수 없었다.
소득이 증가하면서 원두커피를 들고
거리를 활보하는 사람이 늘었고,
거리엔 한 집 건너 한 집이 카페일 정도로
커피 파는 곳이 넘쳐난다.
2016년 농림축산식품부가 발표한
「국내외 디저트 외식시장 조사」에 따르면
커피 전문점 규모가 2조 5천억 원에 달한다.
커피는 30년도 채 안 되는 기간
국민대표 후식, 기호식품으로 자리매김했다.

세계 최초의 스마트폰, 사이먼

수요와 공급에 영향을 주는 두 번째 요소는 기술 발전이다.

1992년 IBM사가 세계 최초의 스마트폰 사이먼^{Simon}을 개발했다.

이후 1993년에 일반인에게 출시되었는데,

곧바로 많은 미국인의 관심을 끌었다.

휴대폰이 가진 능력이 대단했기 때문이다.

당시 발신과 수신 기능만 있던 다른 휴대전화들과 달리

주소록, 세계 시각, 계산기, 메모장, 이메일, 팩스, 오락 기능이 있었으며

최초로 터치스크린까지 탑재했다.

하지만 문제는 비싼 가격이었다.

당시 판매된 가격은 무려 889달러.

일반인이 사기엔 너무 고가여서 대중화될 순 없었다.

출시 6개월 만에 599달러로 가격을 내렸지만,

5만 대만 팔렸을 뿐, 2년만에 조용히 사라지고 만다.

한국에서는 지난 1984년 한국이동통신서비스가
차량 전화 서비스를 하면서 제1세대 휴대폰 시대를 열었다.
차에서 전화를 걸고 받을 수 있다는 점 때문에 주목받았지만
당시 단말기 가격이 4백만 원을 넘었다.
역시 웬만한 부유층 아니면 구경도 못 할 물건이었다.
하지만 이후 급격한 기술 발전으로
일반 휴대폰 값은 10만 원 내외면 살 수 있을 정도로 저렴해진다.
첨단 기술이 활용되는 최신 스마트폰 단말기 가격은
지금도 50만 원을 훌쩍 넘길 정도로 비싸지만,
그럼에도 스마트폰 없이는 생활이 안 될 정도로 필수품이 됐다.
2016년 기준 우리나라 스마트폰 보급률은 85%로
전 세계에서 가장 높은 편이다.
기술 발전으로 인한 혁신적인 제품이
사람들의 소비, 즉 수요를 끌어낸 것이다.

노동 시장,
금융 시장,
부동산 시장

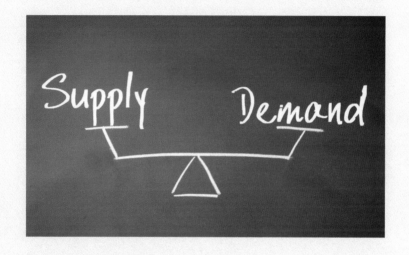

수요와 공급이 이뤄지는 모든 공간을
시장이라고 부른다.
어렵게 생각할 것 없다.
파는 사람과 사는 사람이 만나 거래하는 곳이다.

노동력도 마찬가지다.

사고 싶은 기업이 있고 팔고 싶은 구직자가 있으므로 시장이 형성된다.

지금처럼 공급이 많은 시장이라면

기업은 군이 임금을 많이 줄 필요가 없다.

그렇다고 임금을 너무 줄이면 일하려는 사람이 또 없을 테니

그 적절한 지점에서 노동력의 가치가 정해진다.

이런 논리를 이해하고 있다면,

기업의 수요에 비해 그 전문성을 갖춘 사람이 적은 일을

선택하는 게 공급자의 관점에서 유리하다는 사실을 알 수 있다.

중국의 취업 박람회

금융 시장에서는 자금을 빌리려는 쪽과 빌려주는 쪽이 만나
거래가 이뤄지는데,
이때는 돈을 빌려주는 대가인 금리가 가격의 역할을 맡는다.
시중에 통화량이 늘면 자금 확보가 쉬워지므로 금리는 떨어지고,
반대로 통화량이 줄면 금리가 올라간다.
상품의 가격과 마찬가지로 금리 역시 오르고 내림에 따라
수요와 공급에 영향을 미친다.
저금리가 지속하면 자금을 빌리려는 수요가 늘어나
다시 물가가 상승하는 결과로 이어진다.

부동산 시장 역시 결국 수요와 공급의 변화로 인해 가격이 바뀐다.
금리가 낮아지면 대출이 쉬워지므로 부동산 수요가 늘어난다.
인구가 늘거나 직장이 늘거나 소득이 느는 것 또한
부동산 수요 상승의 요인이다.
반면 집을 많이 짓는다는 건 공급이 늘어난다는 뜻이다.
그러므로 부동산 투자를 하고 싶다면,
지금 이 시기, 이 지역의 수요와 공급을 자세히 살펴야 한다.

골디락스 경제

「골디락스와 세 마리 곰 Goldilocks and Three Bears」이라는
영국의 전래동화가 있다.
이 동화는 숲 속에 세 마리 곰 가족이 살고 있었는데
아빠 곰, 엄마 곰, 아기 곰이 수프를 끓여놓고
잠깐 산책하러 나간 사이에 골디락스,
그러니까 금발 소녀가 집에 들어오면서 시작된다.
배가 고팠던 소녀는 아빠 곰의 너무 뜨겁거나
엄마 곰의 너무 차가운 수프 대신
적당히 식어서 따뜻한 아기 곰의 죽을 먹는다.
또 아빠 곰의 흔들리지 않는 큰 의자나
너무 흔들리는 엄마 곰의 의자 대신
적당히 흔들리는 아기 곰의 의자에 앉는다.
그리고 마찬가지로 잠을 잘 때도
자신의 키에 딱 맞는 아기 곰의 침대에서 잠을 잔다.

경제가 원하는 것도 바로 이런 것이다.
시장은 너무 뜨겁지도 차갑지도 않아야 한다.
경기가 과열되어 인플레이션이 심해도 큰일이고,
경기가 침체되어 실업률이 늘어나도 큰일이니까.

그래서 미국의 경제학자 데이비드 슐먼 David Shulman 은
이처럼 경제가 안정적이고 지속적으로 성장하는 상태를
'골디락스 경제'라고 이름 붙였다.

미국은 1990년대 중반부터 2000년대 중반까지
이른바 골디락스 경제의 시기를 보냈다.
하지만 호황이 길어지면 경제가 뜨거워지는 법!
결국 2007년 서브프라임 모기지 사태 subprime mortgage crisis 가
터지면서 경제는 급속도로 얼어붙는다.
미국 금융회사는 신용도가 낮은 등급인 서브프라임 고객에게

고금리로 돈을 빌려주고 집을 사게 했지만
결국, 대출금을 갚지 못하는 사람들이 늘고,
주택 시장 침체로 인해 집값도 떨어지자
파산하는 사람들이 속출한 것이다.
그러니 이 대출상품에 지원했던 금융회사도
줄줄이 파산하면서 2008년 세계 금융위기가 왔다.

차가워진 시장을 데우는 가장 좋은 방법은 금리를 낮추는 것이다.
금리를 낮춰 유동성이 늘어나면, 소비도 투자도 늘어나게 마련이니까.
실제 미국은 제로금리 정책을 도입하며
다시 골디락스 경제로 회복하려고 부단히 애를 썼고,

그 결과 원하던 목적을 달성할 수 있었다.
미국의 물가상승률과 실업률이 모두 제자리를 찾은 것이다.
지금 미국이 금리를 다시 조금씩 올리는 이유도
이 따뜻해진 경제가 더 뜨거워지는 것을 막기 위해서다.
이처럼 골디락스 경제 상황을 유지하기 위해서는
수요와 공급을 조정하는 지혜가 필요하다.

국내 부동산 시장 정책이 어려운 이유도 여기에 있다.
뜨겁지도 차갑지도 않아야 하는데,
여러 변수에 따라 시장은 지나치게 뜨거워지기도 하고,
반대로 지나치게 차가워지기도 한다.
이를 막기 위해 수요와 공급을 조정해야 하는데,
조금만 잘못 건드려도 불이 확 붙거나 꺼질 수 있다.

골디락스가 먹었던 따뜻한 수프,
그 수프를 먹기가 그렇게 힘든 것이다.

PART2

HEART

당신의 속이 1cm 더 깊어진다

5장

경제 성장을
가로막는 차별

1cm

오줌을 팔아야 했던 시절

1970년대 버스터미널, 기차역, 극장 등에는
변기 옆에 플라스틱 오줌통이 놓여 있었다.
그리고 그 옆에 쓰인 말들.

"여러분의 오줌은 귀중한 외화를 벌어들입니다."
"수출되는 오줌을 한 방울이라도 통 속으로!"

오줌을 팔아 외화를 벌어들여야 할 정도로
과거 우리나라는 세계에서 제일 가난한 나라였다.
당시 세계은행에서는 필리핀과 미얀마가
우리나라보다 훨씬 더 잘사는 나라가 되리라 전망했다.
광복 후 한국전쟁을 거치며 먹을 것과 입을 것이 부족했던
사람들은 어떻게 해서든 다시 일어서야 했다.
머리카락을 잘라 팔고, 오줌을 모아 수출하는 등
그야말로 돈 되는 것이라면 뭐든지 했다.
그런데 머리카락은 가발의 재료로 썼다고 쉽게 짐작할 수 있는데,
도대체 오줌의 용도는 무엇이었을까?

오줌은 화학처리 과정을 거쳐 일본, 독일 등에 수출됐다.
오줌에 있는 특정 성분이 혈압약을 만드는 원료가 됐던 것.
사람들의 호응도 좋아 당시 하루 서른 트럭 정도로
오줌이 채취됐다고 한다.

중국요리에서 고급 음식 재료로 쓰던 상어 지느러미도 주요 수출품이었다.
당시 질긴 상어 지느러미는 삭혀서 비료에 썼지,
사람이 먹는 것이라고는 생각도 못 했다.
그러나 중국과 동남아에서 요리 재료로
인기가 많다는 사실을 알고
본격적으로 수출하기 시작해 외화를 벌어들였다.

수출만이 살길이다!

하지만 당연히 이런 수출로 외화를 벌어들이는 데는 한계가 있었다.
결국, 물건을 생산하는 공장을 지어야 했고,
그런 산업단지를 만들기 위해서는 다시 돈이 필요했다.
당시 한국 정부는 미국, 일본, 독일 등으로부터
막대한 자금을 빌려오는 걸 선택했다.

1965년 한일협정 조인을 마치고 조약 문서를 교환하는 양국 외상

한 나라가 다른 나라 정부나 공적 기관에서
자금을 빌려오는 것을 차관이라고 하는데,
결국 이 차관이 경제 성장의 밑거름이 된 것이다.
물론 세상에 공짜는 없는 법.
식민지 수탈 인정도 보상도 하지 않겠다는
한일협정을 맺어야 했고,
미국 수출에 절대적으로 의존해야 하는 경제 구조도 만들어졌다.
수출지상주의를 추구할 수밖에 없는 사정이 생긴 것이다.

그래서 당시 선택에 대해선 전문가들의 평가도 엇갈린다.
선택의 여지가 없었다는 견해도 있는데,
그마저도 해석은 둘로 나뉜다.

해석이 어떻든 간에,
그 빌려온 돈으로 산업단지를 만들고 고속도로를 건설했다.
우리나라 첫 고유 자동차 모델인 '포니'를 생산했고
1976년 에콰도르에 처음 수출했다.

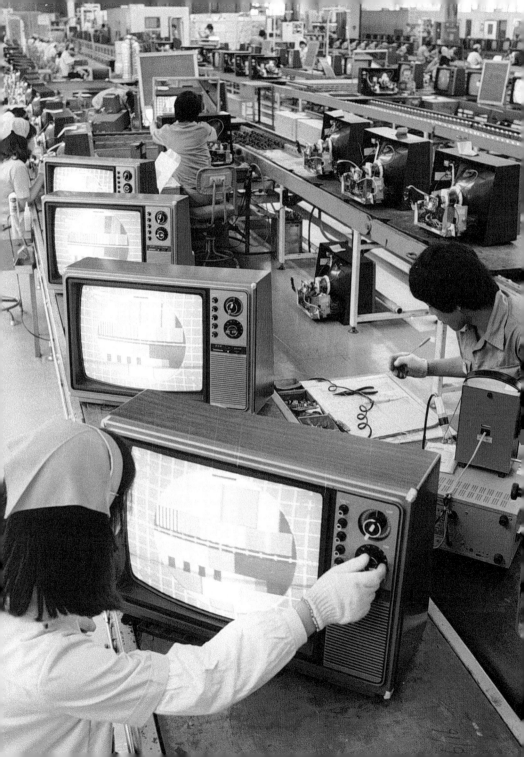

단 6대에 불과했던 초라한 첫 수출이 만 28년 만에
1천만 대 수출의 대기록으로 이어졌다.
이뿐만이 아니다.
조선, 전기밥솥, 텔레비전, 의류 등
많은 품목이 수출 길에 올랐다.
불과 수십 년 만에 완전히 다른 나라가 돼버린 것이다.

수출용으로 제조되고 있는 현대자동차 포니

한 나라의 경제성적표, GDP

GDP^{Gross Domestic Product}란,
한 나라 안에서 1년간 생산 활동에 참여해서 번
부가가치 또는 최종생산물을 시장가격으로 평가한 합계로
한 나라의 경제 수준을 짐작할 수 있는 중요한 지표로 활용된다.

또 하나 언론에서 중요하게 다루는 지표는
1인당 국민총소득^{GNI, Gross National Income}이다.
GDP가 국가의 전체적인 성장 수준을 가늠한다면,
1인당 GNI는 실질적인 국민소득을 보다 정확하게 파악한다.
한 국가의 평균적인 생활 수준을 엿볼 수 있다.

국제통화기금^{IMF}의 발표에 따르면
2016년 우리나라의 GDP는 1조 4,044억 달러로 세계 11위다.
1953년의 GDP가 13억 달러였다고 하니,
물가상승률을 고려하면(1953년의 1달러는 지금의 9달러쯤 된다)
60여 년 동안 약 120배 정도 성장한 것이다.
'한강의 기적'이라고 불리는 이유도 이 때문이다.

한편 한국은행에 따르면 1인당 GNI는
1953년 67달러에서 2016년 2만 7561달러로 늘어났다.
마찬가지로 물가상승률을 고려하면
60여 년 동안 약 46배 정도 늘어난 것으로,
현재 세계 30위 수준이다.

대단하긴 하지만 GDP 순위에 비하면
초라한 느낌이 든다.
덩치만 커졌지
실속은 없다는 소리를 듣는 이유가
여기에 있다.

대한민국 경제에 켜진 적색경보

한국의 1인당 GNI가 처음으로 2만 달러를 넘긴 해는 2006년이다.
그러니 11년째 2만 달러 대에 묶여 있는 것이다.
IMF는 2020년쯤 한국이 3만 달러를 돌파할 것으로 예상하는데,
저성장이 굳어진 지금 그마저도 장담할 순 없다.
참고로 다른 나라의 1인당 GNI가 2만 달러에서 3만 달러에
도달하는 데 걸린 기간은 평균 8.2년이었다.
한국이 2020년에 3만 달러를 달성한다고 해도
평균보다 무려 7년이 더 늦은 셈이다.

가장 큰 원인은 역시 수출과 내수의 동시 부진이다.
조선, 철강, 석유화학 등 주력 업종 대부분이
중국에 따라잡히고 있는데,
산업 구조조정은 제대로 진행되지 못했다.
한진해운은 파산했고 대우조선도 위태롭다.
또 일자리는 줄고 부채는 느니 소비도 투자도 준다.

엎친 데 덮친 격으로 저출산 고령화 문제도 심각하다.
소비와 생산을 책임져야 할 생산 가능 인구(15세에서 64세)는
2017년부터 줄어들기 시작했다.

컨테이너 크레인이 멈춰 서 있는 부산신항만 한진해운 터미널

경제 규모 자체가 축소될 위기에 처한 것이다.

이에 한국금융연구원은 2016년부터 2060년까지

연평균 국민소득이 0.5%씩 감소한다고 밝힌 바 있다.

과연 이 문제를 해결할 방법이 있을까?

세계 다른 국가는 어떻게 이 난국을 해결하고 있을까?

미국의 리쇼어링 정책

리쇼어링re-shoring은 해외로 이전했던 기업이
다시 자국으로 회귀하는 현상을 의미한다.
이와 반대로 자국의 기업이 생산시설, 용역 등을
해외로 이전하는 현상을 오프쇼어링off-shoring이라고 한다.

미국 오바마 정부는 국내로 복귀하는 기업에 대해
공장 이전비 최대 20% 지원, 2년간 설비투자 세제 감면 등
다양한 지원책을 제시했다.
제조업체에는 25%의 우대세율을 적용했다.

정부가 이렇게 리쇼어링을 하는 이유는,
제조업이 인력의 고용을 늘리고
자본을 재투자할 것이라고 믿기 때문이다.
실제로 미국 자동차 업체 포드Ford는
멕시코와 중국에 있는 생산시설을
미국 오하이오 주와 미시간 주로 옮겼다.

트럼프 정부는 여기서 한발 더 나아가
다국적 기업의 생산시설까지
미국으로 이전하라고 압박하고 있다.
삼성전자, LG전자, 현대자동차 등 국내 기업도
미국 내 공장 투자 계획을 세웠다.

오바마 정부의 리쇼어링 정책으로 미국 오하이오 주로 돌아온 포드 공장

기본소득 실험

핀란드 정부는 2017년부터 실업자 중 2,000명을 무작위로 골라
2년간 매달 560유로(약 70만 원)를 지급하기로 했다.
이것은 실업률을 낮출 수 있을 것으로 생각해서 내놓은 방안이다.
핀란드의 실업률은 2016년 초 역대 최고 수준인 9%를 넘어섰다.
실업률이 높은 이유는 저임금과 임시직을 꺼리는 사람이 많기 때문이다.

핀란드는 복지 제도가 잘 되어 있어
임시직으로 취업하느니 실업수당을 받는 편이 훨씬 나았다.
이에 핀란드 사회복지보건부 관계자는
기본소득 보장제를 시범으로 실시해서
실업수당의 부작용을 줄이겠다고 나섰다.

하지만 기본소득 보장제는 찬반 양론이 일고 있다.
찬성하는 쪽은 사회적 불평등을 해소해서
전체 복지 비용을 줄일 수 있고,
기본소득이 있으니 구매력이 생겨서
경제 활성화에 도움이 된다고 주장한다.

2010년 기본소득 서울 선언

반면 반대하는 입장은
사람들이 일하지 않고도 최저 소득이 보장되므로
근로 의욕을 잃게 된다고 주장한다.
또 정부의 복지 부담도 클 것이라고 경고했다.

스위스도 지난 2015년 6월,
모든 성인에게 매월 2,500스위스 프랑,
우리나라 돈으로 약 3백만 원을 지급하는
기본소득 보장제 도입을 놓고 국민 투표를 했다.
하지만 반대표 76%로 부결됐다.
액수가 좀 적었다면 찬성표가 훨씬 더 늘었을 거라는 의견이 많아
사실상 시간 문제라는 전망도 있다.

선진국에서 기본소득 보장제를
경제 문제 해결의 대안으로 내놓은 까닭은,
인도와 나미비아에서의 실험이 성공적이었기 때문이다.

먼저 인도를 살펴보자.
인도 마디아프라데시 주 8개 마을 주민들에게
2011년 6월부터 2012년 8월까지
유니세프의 지원을 받아 기본소득 실험을 했다.
성인 1인당 200루피(약 3,300원),
어린이는 1인당 100루피(약 1,600원)를 매달 지급했고
다음 해에는 돈을 올려줬다.

2011년부터 2012년까지 기본소득 보장제를 실험한 인도 마디아프라데시 주의 전통시장

100루피는 인도에서 달걀 5개와 쌀 1kg을 살 수 있는 금액이니
빈곤이 사라지고 주민들의 삶이 점점 바뀌었다.
아프리카 남서부에 있는 나미비아도
2008년 1월부터 2009년 12월까지 기본소득 보장제를 실험했다.
나미비아 안에서도 가장 가난한 마을인
오치베라 오미타라^{Otjivero-Omitara} 마을 주민 930명을 대상으로
매달 100나미비아 달러(약 8,000원)를 지급했다.

당시 나미비아는 실업률이 60%였는데
이 실험을 한 결과 실업률이 15%p 감소한 45%를 기록했다.
성인 1인당 평균 소득도 200나미비아 달러(약 1만 6000원)에서
389나미비아 달러(약 3만 1000원)로 올랐다.
사람들은 생활여건을 향상하기 위해
예전보다 더욱 많은 돈을 썼고
자연스레 경제가 움직이기 시작했다.

그러나 이 실험에도 한계가 있다.
지역과 기간이 모두 한정되어 있었고,
필요한 기금도 사전에 모았기 때문에
가능했으니 말이다.
결국, 정부가 기본소득 보장제를 운용하려면
지속적이고 안정적인 재원을 조달할 방안이 필요하다.

로봇과 인공지능의 등장으로
인간의 일자리가 위협받으면
기본소득에 관한 논의는
앞으로 더 활발해질 것이다.

차별이 없어야 경제가 산다

프랑스 총리실 산하의 정책연구기관인
프랑스 스트래티지France Strategie는
2016년 10월 「차별의 경제적 비용」이라는 제목의 보고서를 냈다.
이 내용은 노동 시장에서 여성과 이민자 등에 대한
고용과 승진에서의 차별을 없애는 것으로
향후 20년간 국민소득을 1,500억 유로(약 186조 원) 늘릴 수 있다는
연구 결과를 발표했다.
1,500억 유로는 2015년 기준 프랑스 국내총생산의 약 6.9%!
20년 동안 연간 국내총생산을 0.3%p씩 올린 것과 같다.

프랑스의 동성애 차별 반대 운동

차별은 경제에 어떻게 영향을 미칠까.

여성과 이민자 등이 고용 시장에서 차별을 받으면

그만큼 노동 공급이 줄어들고,

이는 노동 비용의 증가로 이어진다.

노동 비용 증가는 제품과 서비스의 생산비용을 증가시켜

생산물과 서비스의 가격이 오르고 국민소득이 줄어든다.

또 고용과 승진에서 차별이 존재하면

그만큼 능력 있는 인재들을 활용할 수 있는 길이 막힌다.

결국, 차별하는 기업은 우수 인재를 놓쳐

그렇지 않은 기업들에 비해 경쟁에서 불리한 위치에 처한다.

경제 전체적으로는 생산성이 떨어져 국민소득이 준다.

여성과 이민자 등이 차별받으며 이들의 실업이 증가하면

실업 급여 등으로 공공 지출이 늘어나는 것이다.

미국의 리쇼어링 정책,

핀란드의 기본 소득보장제도 실험,

프랑스의 고용 차별 방지 제안.

이 모든 것들은 다 경제 위기에서 벗어나기 위해 짜낸 비책이다.

우리나라에 100% 적용할 수 있는 건 아니겠지만,

이런 노력으로부터 배울 점은 분명 있을 것이다.

과연 한국은 지금의 경제 위기를 어떻게 극복할 수 있을까?

6장

세상을 구하는
기업과 소비자

1cm

축구공을 꿰매는 소년

1996년 미국《라이프LIFE》지에 실린 한 장의 사진.
이 사진으로 인해 한 스포츠용품 회사가 곤욕을 치렀다.

잡지에 실린 사진은
파키스탄에 사는 12세 소년이 축구공을 꿰매고 있는 모습이었다.
소년이 축구공을 꿰매 번 돈은 당시 2달러 이하.
소년은 지독한 가난 때문에 학교에 가지 않고
축구공을 꿰매 생계를 꾸려나갔다고 한다.

반면, 이 스포츠용품 회사의 모델로 활약하고 있는
농구 황제 마이클 조던이
광고 모델료로 받은 돈은 2천만 달러.
《라이프》지는 두 사람의 상반된 차이를
사진 한 장으로 꼬집었다.

그 후 이 회사의 이미지는 땅으로 떨어졌고
아이들의 노동력을 착취해서 축구공을 만든다는
여론의 질책을 받았다.
소비자 단체와 노동조합을 중심으로
이 브랜드의 불매운동까지 펼쳐졌고,
세계 1위 스포츠용품 전문회사의 주식은 곤두박질쳤다.

초콜릿을 처음 맛본
카카오 농장 노동자

한 사회운동가가 아프리카의 카카오 농장을 찾아
열심히 일하고 있는 노동자들에게 초콜릿을 건넸다.
마트에서 흔히 볼 수 있는 평범한 초콜릿이었는데,
이 장면을 담은 동영상이 인터넷에서 엄청난 화제가 됐다.

그 이유는 그들이 초콜릿을 처음 보았기 때문.
그들은 카카오를 키우면서도
초콜릿이라는 것의 존재조차 알지 못했다.
본 적도 들은 적도 없었으며,
심지어 먹는 것인지도 몰랐다.
그들은 마치 부시먼이 콜라병을 보고 신기해한 것처럼
초콜릿의 등장에 어리둥절했고
한 입 베어 문 순간,
곧 맛의 신세계에 빠져들었다.

'세상에 이런 달콤한 맛이 있다니!'

아프리카 카카오 농장의 어린이 노동자

땡볕 아래서 온종일 일하면서도
초콜릿의 존재조차 몰랐던
아프리카의 노동자들.
그들은 철저히 자신의 노동으로부터
소외되고 있었다.

이 영상이 공개된 후
곧 초콜릿을 만드는 회사들이
공정하지 않은 방법으로
카카오를 생산하고 거래를 해왔다는 사실이 밝혀졌다.
그리하여 초콜릿 회사들은 뒤늦게
노동자들에게 적정한 임금, 근로 환경, 복지를
제공할 것을 약속했고
초콜릿 제품 봉지에 이를 명시했다.
소비자들에게 나쁜 이미지를 씻기 위함이었다.

선한 의지에
협력자가 나타난다

2010년 미국 아이다호 주
어느 가정집 차고.
세 명의 형제가 뭉쳐 사업을 시작했다.
그들의 사업 아이템은 나무 안경.
60년 전 작은 제재소를 연 할아버지 이름
'버드 Bud'를 기리며
친환경 소재로 안경을 만들었다.
가볍지만 멋진 안경.
그리고 재활용이 가능한 친환경적인 안경.
바로 '프루프 아이웨어 Proof Eyewear'다.

게다가 판매 수익금 중 10%는
인도의 사회적 기업인 아라빈드 Aravind 안과에 기부된다고 하니,
이 착한 안경을 누가 마다하겠는가.
결국, 이 나무 안경은 미국을 중심으로 전 세계에 알려졌고
우리나라에서도 조금씩 인기를 끌고 있다.
사실 이 회사는 2010년 창업 이후
꾸준히 사회활동에 참여했다.
동일본 대지진 때도 구호활동을 지원했고

가난한 환자의 백내장 수술을 지원하는 인도의 아라빈드 안과

아프리카 청소년 부흥운동, 지구의 날 나무 심기 운동 등
다양한 방면의 사회활동을 하고 있다.

인도의 아라빈드Aravind 안과
이야기도 그냥 지나칠 수 없다.
인도의 시각장애인 인구는 1천 2백만 명이 넘고,
매년 2천 명 이상이 백내장으로 시력을 잃는다.
대부분 제때 치료를 받지 못하기 때문이다.

인도의 안과 전문의 고딘다파 벤카다스와미Dr. Govindappa Venkataswamy는
이를 안타까워하며 1976년 퇴직금을 털어 마두라이 마을에 병원을 차렸다.
가난해서 치료를 받지 못하는 환자들을 치료해주기 위해서였다.

그는 가난한 환자들에게 거의 무상으로 치료를 해줬고
백내장 수술이 필요한 사람들에게는 수술도 해줬다.
그리고 지금은 인도뿐 아니라 전 세계에서
백내장 수술을 가장 잘하는 병원으로 인정받고 있다.
어떻게 이런 일이 가능했던 것일까.

아라빈드 안과를 도와준 또 다른 사회적 기업이 있었다.
백내장 수술에 필요한 인공수정체를 저가로 생산해내는 방법을 찾아낸
오로랩Aurolab은 아예 수술 렌즈 생산시설을 아라빈드 안과 앞에 세웠다.
그리고 인공수정체를 15분의 1 가격으로 공급했고,

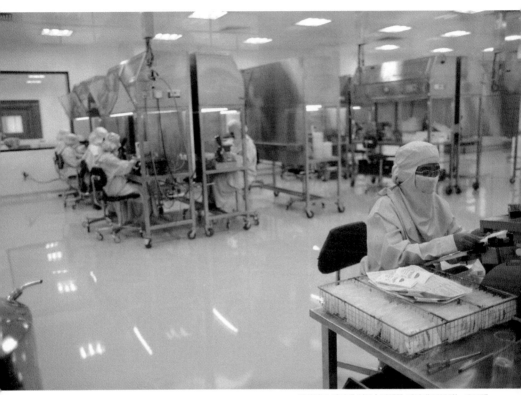

아라빈드 안과에 인공수정체를 저가에 공급하는 오로랩

그 결과 아라빈드 안과는 10달러만 받고도 백내장 수술을 할 수 있었다.
수많은 환자가 아라빈드 안과에 몰렸고,
수술 케이스가 늘어나면서 최고의 의사와 의사 지망생도
아라빈드 안과에 몰렸다.

수술 경험도 의료진 수준도 세계 최고였기에
VIP 환자들이 절로 찾았다.
병원에서는 이들에게 최상의 진료와 서비스를 제공하고
비싼 진료비를 받았는데,
이 돈으로 다시 가난한 환자들을 치료할 수 있었다.

세상을 돕겠다는 선한 의지가 만들어낸 결과였다.

혼자만의 힘으로는 불가능했겠지만,
선한 의지에 공감한
다른 사회적 기업들이 힘을 보태
어려워 보이던 일을
현실로 만들 수 있었다.

기업에
사회적 책임이 더해지다

앞선 사례들만 살펴봐도 오늘날의 기업들엔 이윤 추구 외에도
사회적 책임이 더해졌다는 사실을 알 수 있다.

마이크로소프트의 빌 게이츠^{Bill Gates}는
미국 하버드 대학교 졸업 연설에서
이렇게 말했다.

"내가 캠퍼스를 떠날 때만 해도
나는 몇 백만 명의 사람들의 가난함과
힘든 삶과 병을 알지 못했다.
내가 그것을 깨달을 때까지는 몇 십 년이 걸렸다.
우리는 굉장한 속도로 발전하는 기술을 기회로 삼아
이런 불평등의 문제를 해결할 수 있는지 생각해보아야 한다.
지금 가지고 있는 자원을 가지고 얼마나 많은 사람에게
얼마나 많은 혜택을 줄 수 있는지가 관건이기 때문이다."

실제로 빌 게이츠는 380억 달러,
우리나라 돈으로 약 40조 원을 기부했고,
가난하지만 배움의 열의가 있는 주민들에게
자사의 소프트웨어를 기증해
디지털 기술을 보급하고 교육하는 데 애쓰고 있다.

단순히 좋은 이미지를 갖기 위한
홍보 수단으로서의 사회공헌은 더는 통하지 않는다.
그보다는 실제 사회 문제를 해결할 수 있는
상품과 서비스를 제공해야만 소비자의 선택을 받을 수 있다.
마케팅의 아버지 필립 코틀러Philip Kotler는
이를 '마켓3.0'이라 이름 붙였다.

아프리카를 구한
하마 물통 프로젝트

남아공의 건축가이자 산업 디자이너인 한스 핸드릭스Hans Hendrikse는
아프리카 여행 중 한 가지 디자인을 생각해냈다.
그것은 바로 굴리는 물통, 큐드럼Q-Drum.
하마 물통이라고도 불리는 이 큐드럼은
어린아이라도 80리터의 물을 한 번에 운반할 수 있다.

거리가 멀어도 포장도로가 없는 시골길이라도 끄떡없다.
또 물통과 연결하기 위해 사용되는 와이어는
아프거나 다친 사람을 위해 이동식 침대로 변형되기도 한다.

1993년 큐드럼이 처음 탄생한 이후
지금까지 약 39,000개가 아프리카 21개국에 보급됐다.
그동안 매일 20kg의 물을 머리에 이고 먼 거리를 다닌 아이들.
탈모부터 척추 이상까지 몸이 남아나질 않았는데,
이 물통을 만난 뒤로는 그런 염려가 줄었다.
게다가 물을 길어 오는 시간을 아껴
학교에 갈 수 있게 됐다.

이처럼 소외된 빈곤층의 삶을
획기적으로 개선할 수 있는 기술을
적정기술 appropriate technology 이라고 부르는데,
이는 사회적 기업이 성공하기 위한 핵심 요인이다.

적정기술로 성공한 한국의 대표적인 사회적 기업으로
'딜라이트 보청기'가 있다.
2010년 설립된 이 사회적 기업은
돈이 없어 제대로 듣지 못하는 사람들을 위해
저렴한 보청기를 개발해내는 데 성공했다.

21세기의 경제를 이끄는
착한 소비

기업의 변화가 두드러진 이유 중 하나는
소비자들이 그만큼 변했기 때문이다.
점점 더 많은 사람이 자신의 소비로
세상이 더 좋아지기를 바란다.
예를 들어 커피를 좋아하는 사람들은
불합리한 무역과 노동력 착취로 고통받는 노동자들에게
조금이라도 도움이 되길 바라는 마음으로
기꺼이 공정무역 커피를 찾아 마신다.
노동자에게 응당한 가격을 지불하면서
좋은 품질의 커피를 마실 수 있으니
착한 소비를 하지 않을 이유가 없는 것이다.

소외당한 계층에게 직접적인 도움을 주는 소비 외에도
지구 환경에 도움이 되는 소비도 중요한 트렌드다.

Don't buy this jacket

심지어 자사의 옷을 사지 말라고 광고하는 기업도 있다.
자신들은 지구 환경을 가장 작게 파괴하는 옷을 만들지만,
그럼에도 환경에 피해를 줄 수 있으니 옷을 사지 말라는 얘기다.
실제로 이 회사는 옷 오래 입기 캠페인을 벌이며
옷을 어떻게 취급하고 수선해야 하는지를
사람들에게 알리기 위해 노력한다.
파타고니아의 노력에 소비자들도 마음이 움직였고,
결국 미국 아웃도어 시장 2위로 올라섰다.

먹고 입고 쓰고, 풍요로움이 넘치는 요즘.
그러나 소비가 늘고 버려지는 것이 늘수록
자원 고갈의 속도는 빨라지고, 지구 환경은 파괴된다.
그러므로 착한 소비는 곧,
지구의 지속 가능성을 높이는
똑똑한 소비인 셈이다.

나와 남을 동시에 충족시키고,
자원을 알뜰하게 재활용해 지구를 구하는
착한 소비와 사회적 기업의 활동.
결국, 이 둘이 톱니바퀴처럼 잘 맞아 굴러갈 때
비로소 우리에게도 미래가 있다.

DON'T BUY THIS JACKET

It's Black Friday, the day in the year retail turns from red to black and starts to make real money. But Black Friday, and the culture of consumption it reflects, puts the economy of natural systems that support all life firmly in the red. We're now using the resources of one-and-a-half planets on our one and only planet.

Because Patagonia wants to be in business for a good long time - and leave a world inhabitable for our kids - we want to do the opposite of every other business today. We ask you to buy less and to reflect before you spend a dime on this jacket or anything else.

Environmental bankruptcy, as with corporate bankruptcy, can happen very slowly, then all of a sudden. This is what we face unless we slow down, then reverse the damage. We're running short on fresh water, topsoil, fisheries, wetlands – all our planet's natural systems and resources that support business, and life, including our own.

The environmental cost of everything we make is astonishing. Consider the R2® Jacket shown, one of our best sellers. To make it required 135 liters of

COMMON THREADS INITIATIVE

REDUCE
WE make useful gear that lasts a long time
YOU don't buy what you don't need

REPAIR
WE help you repair your Patagonia gear
YOU pledge to fix what's broken

REUSE
WE help find a home for Patagonia gear you no longer need
YOU sell or pass it on*

RECYCLE
WE will take back your Patagonia gear that is worn out
YOU pledge to keep your stuff out of the landfill and incinerator

REIMAGINE
TOGETHER we reimagine a world where we take only what nature can replace

water, enough to meet the daily needs (three glasses a day) of 45 people. Its journey from its origin as 60% recycled polyester to our Reno warehouse generated nearly 20 pounds of carbon dioxide, 24 times the weight of the finished product. This jacket left behind, on its way to Reno, two-thirds its weight in waste.

And this is a 60% recycled polyester jacket, knit and sewn to a high standard; it is exceptionally durable, so you won't have to replace it as often. And when it comes to the end of its useful life we'll take it back to recycle into a product of equal value. But, as is true of all the things we can make and you can buy, this jacket comes with an environmental cost higher than its price.

There is much to be done and plenty for us all to do. Don't buy what you don't need. Think twice before you buy anything. Go to patagonia.com/CommonThreads or scan the QR code below. Take the Common Threads initiative pledge, and join us in the fifth "R," to reimagine a world where we take only what nature can replace.

patagonia®
patagonia.com

7장

실업 걱정 없는 세상

취업 준비생 70만 명

"적성 맞춰서 취직하는 애들이 어디 있니?"

지난 2015년에 개봉한 영화
「열정 같은 소리 하고 있네」의 주인공 도라희 엄마가 한 말이다.
이 대사에 무릎을 탁 쳤다면,
당신은 취업 준비생, 혹은 갓 취업한 신입사원?

한국고용정보원이 2015년에 발표한
「4년제 대졸자의 취업 사교육 기간 및 비용」에 따르면
대학 졸업 후 첫 취업까지 드는 사교육비는 평균 510만 원.
경기가 불안하고, 경제성장률은 계속 뒷걸음질 치고 있으니
취업 문턱은 더 높아지고 있는 게 현실이다.
취업 준비생이 70만 명에 육박하고 있는
대한민국 청년들의 취업전선은 말 그대로 전쟁터다.
대학입시를 치르고 대학생이 되었지만, 캠퍼스의 낭만은 사라진 지 오래.
1학년 때부터 취업 준비를 시작하는 학생이 많다.
학점관리와 영어와 중국어 자격시험 준비는 기본,
틈틈이 취업 스터디도 하고 취업 학원도 다닌다.

노량진 공무원 학원

안정적인 직장의 대명사인 공무원이 되기 위해서는
더욱 고되게 살아야 한다.
노량진에서 인기 강사의 강의를 듣기 위해
자리싸움을 펼치며,
새벽부터 밤까지 불을 밝히는 공시생들.
2017년 국가공무원 9급 공채시험에 몰린 인원은
역대 최대인 22만 8368명.
그중 4,910명만 선발된다고 하니,
무려 46.5 대 1의 경쟁률이다.

한국능력직업개발원은
취업 준비를 위해 졸업을 유예하는 대학생이 늘어나면서
이로 인한 사회적 비용이 약 2천 5백억 원에 이른다고 밝혔다.

"적성 맞춰서 취직하는 애들이 어디 있니?"
라는 대사가 괜히 나온 말이 아니다.

청년실업이 만든 신조어들

캥거루족은 2000년대 중반에 등장한 신조어로,
대학을 졸업해도 독립적인 경제생활을 하지 못하고
부모한테 의존하는 세대를 말한다.
그도 그럴 것이 요즘 청년들은 학자금 대출도 갚아야 하고
취업을 위한 학원도 다녀야 하며,
각종 자격시험 응시료도 만만치 않게 든다.

장미족은 장기 미취업자를 말한다.
겉으로는 그럴싸한 스펙을 다 갖췄지만
정작 취업을 못 해
구직 활동을 벌이는 사람을 일컫는다.

그 밖에도 '인문계 졸업생 90%가 논다'는 인구론,
청년실업자이자 신용불량자인 청년실신,
노력만 강조하는 기성세대를 비꼰 노오력,
소설처럼 꾸며 써야 한다는 자소설 등
청년실업 문제와 관련한 신조어는 무궁무진하다.

신조어가 만들어지는 건 한국만이 아니다.

우리도 잘 알고 있는 대표적인 예가 바로 일본의 프리터^{freeter}.

프리터는 돈이 급할 때만 아르바이트를 할 뿐

정식 직장을 구하지 않는 사람들을 가리키는데,

자유인 free와 아르바이트인 arbeit를 합성한 말이다.

그리고 영국에서는 캥거루족을
부모의 퇴직연금을 좀먹는 사람 Kids In Parents' Pockets Eroding Retirement Savings,
줄여서 키퍼스 kippers 라고 부른다.

청년실업 문제는 심각한 사회문제다.
심지어 미국에서는 총격 사건에도 영향을 미친다.
2016년 말 미국의 월간 온라인저널
《자연 인간 행동 Nature Human Behavior》은
미국의 실업률과 학교의 총격 사건의 상관관계를 분석했다.

미국의 실업률이 증가할 때
학교 총격 사건 많았다는 것이다.

기사에 따르면, 지난 25년 동안 미국 내 학교 총격 사건은
두 번에 걸쳐 증가세를 보였는데,
이 기간은 미국의 경기 침체 및 이에 따른 실업률 증가 시기와
정확히 일치한다.

실업률은 한 나라의
경제 상황을 보여주는 지표

이처럼 청년실업 문제는 정도의 차이는 있겠지만
전 세계가 모두 고통을 겪고 있는 사회현상이다.
스페인의 통계국은 2015년 4분기 실업률이
사상 최악인 26%를 기록했다고 밝혔는데,
그중 젊은이가 55%나 차지했다.
브라질도 2016년 실업률이 11.5%였다.
실업자 수 1천 180명으로 역대 최대치를 찍었다.
2015년 실업률이 8.1%로 조사된 바 있는데,
불과 1년 사이에 3%p나 오른 것이다.
이처럼 실업률은 한 나라의 경제 상황을 가늠하는 중요한 지표가 된다.
미국이 금리 인상을 결정하게 된 것도
실업률이 감소했다는 지표 덕이 컸다.

한편 독일도 최근 실업자가 줄고 있다고 한다.
서독 지역에선 1월 실업자가 1만 5000명 줄었고
동독 지역에선 약 1만 명이 줄었다고 독일 노동청은 밝혔다.
심지어 2017년 1월 실업률은 5.9%대.
동서독이 통일한 이래 가장 낮은 수치라고 한다.

학생들을 직접 교육하는 독일의 지멘스 작업학교

독일의 실업률이 낮은 이유는 그만큼 경제 상황이 좋기 때문이지만,

체계적이고 전문적인 직업교육 훈련제도의 역할도 컸다.

이 제도의 특징은 정부가 주도한 것이 아니라

지자체나 회사 등이 스스로 제도를 운용하고 있다는 점이다.

독일을 대표하는 전기ㆍ기계 회사인 지멘스Siemens의 경우

학습 작업장과 작업학교를 설치해 회사 내에서 학생들을 교육하고 있다.

장인정신을 으뜸으로 치는 독일 사회의 인식도 한몫했다.

'마이스터Meister'로 불리는 장인은 독일 제조업을 이끄는 원천이다.

마이스터가 되기 위해서는 숱한 세월 동안의 수련이 필요하지만

마이스터라는 명예가 주어지면,

수많은 수련자를 거느리고 공장을 운영하거나

큰 회사에서 생산 책임자가 될 수 있다.

해고 걱정 없는 몬드라곤 협동조합

최악의 실업률을 기록 중인 스페인이지만,
스페인에는 실업 문제를 해결하기 위한
최적의 대안을 내놓고 있는 노동자 협동조합이 있다.
바로 스페인 북부 바스크 지방에 기반을 둔
몬드라곤 협동조합Mondragon Corporation.

250여 개의 기업, 8만여 명의 조합원이 속해 있는 협동조합으로
스페인 기업 순위 7위에 해당하는 큰 조직이다.
세계 최대의 노동자 협동조합이 된 몬드라곤 협동조합은
정부 지원을 받지 않고 스스로 성장했기에 더 큰 의미를 지닌다.
세계 각지에서 이 협동조합의 성공 비결에 대해 배우기 위해
스페인을 찾고 있다는데, 그 비결은 무엇일까?

먼저 소개할 것은 모드라곤 협동조합의 열 가지 원칙.

1. 공개적인 조합원 제도 Open membership
2. 민주적인 조직 Democratic organization
3. 노동 주권 Sovereignty of labor
4. 자본은 부차적 수단 Capital is instrument and subordinate
5. 참여 경영 Participation in management
6. 급여 연대 Pay solidarity
7. 협동조합 간의 협동 Inter cooperation
8. 사회변화 Social transformation
9. 보편성 Universality
10. 교육 Education

이 원칙만 봐도 짐작할 수 있겠지만,
몬드라곤 협동조합의 핵심은
'기업의 주권은 노동에 있다'는 것.
엘리트 경영인 등 소수에게 위임하는
일반 기업과 달리
여기에서는 모든 조합원이 주인이다.

각자 출자금을 내고 협동조합이 운영되고 있으므로
누구나 동등한 위치에서 최고 결정권자가 될 수 있다.
이러한 주인 의식 고취로 인해
생산 효율성이 극대화된 것이다.

2011년 유럽을 강타한 금융위기의
후유증으로 실업난을 겪고 있는 스페인이지만,
몬드라곤 협동조합은 끄떡없었다.
금융위기 당시 몬드라곤 협동조합은
회의를 통해 스스로 임금 삭감을 결정하고
주 5일에서 주 3일로 근무일수를 줄였다.
또 조합에 속한 두 회사가 도산했지만
근로자들에게 재교육을 받게 해서
협동조합의 다른 회사로 재배치했다.
그 결과 실업자가 한 명도 없었다.
지금도 조합원들은 현재의 일자리가 보장되고
회사도 계속 성장하고 있으므로
자기 일에 크게 만족한다고 한다.

청년실업을 잡아야 경제가 산다

1998년 벨기에는 신규 졸업자의 50%가 청년실업자였다.
그래서 벨기에 정부는 종업원 50명 이상인 기업은
고용인원의 3%에 해당하는 청년노동자를
의무적으로 채용하는 정책을 내놓았다.

네덜란드도 2008년 글로벌 금융위기 이후
청년실업률이 12%까지 치솟자
청년 고용을 늘리는 기업에 세금을 줄여주는 혜택을 제공했고,
지방 정부에도 금전적인 지원과 함께
청년 고용을 늘리도록 장려했다.

프랑스는 노동 시간을 단축해 문제를 해결하고자 했다.
한 사람이 해야 할 일을
두세 명이 나눠서 하게 했더니
청년실업률은 낮아지고,
근로자들은 여가가 많아졌다.

덴마크에서는 실업자들이 구직 노력을 하면
4년 동안 실업 이전 임금의 최대 90%까지 받을 수 있다.
다만 구청에 구직자 등록을 하고,
주기적으로 상담을 받아야 하며,
체계적인 직업 훈련을 꾸준히 받아야 하므로
실제 재취직까지는 오랜 시간이 걸리지 않는다.

물론 우리나라에도 이러한 제도가 없는 것은 아니다.
2015년 교육부는 9개 학교에서
도제학교 제도를 시범 운영하기 시작했다.

도제학교 제도란, 독일과 스위스의 중등 직업교육 방식인
도제식 교육훈련을 한국식으로 바꾼 제도다.
도제반 학생들은 고교 2·3학년 때 학교와 기업을 오가며
현장 중심 직업훈련을 받고,
고교 졸업과 동시에 취업할 수 있다.
기계·전기·전자·화학 등 공업 분야 외에도
IT·서비스·경영사무 등
다양한 직종으로 늘려나갈 계획인데,
이 제도가 잘 정착된다면
취업이 안 돼 고통받는 청년이 줄어들 수 있다.

하지만 그보다 더 중요한 문제는
좋은 직장과 나쁜 직장의 양극화를 줄이는 것이다.
대기업과 중소기업, 정규직과 비정규직의
임금 격차는 갈수록 커지고 있다.
이런 노동 환경의 양극화 문제를 해결하지 않고,
청년들에게 눈을 낮출 것만을 강요한다면,
청년실업률은 조금도 나아지지 못할 것이다.
이와 동시에 직장과 직업에 대한
다양한 사회적 편견을 극복하는 것도 중요하다.
남들이 알아주는 직업이 아니더라도
내가 좋아하고 잘할 수 있는 일을 선택하는 용기가 필요하다.

어쩌면 평생의 업으로 삼을 수 있는
일을 만나는 것도
그런 용기로부터
시작되는 것일지 모른다.

8장

—

약탈적 자본으로부터의
탈출

1cm

빚 권하는 사회

우리의 일상생활과 함께하는 수많은
광고 문자, 광고 메일, 광고 전화.
그중 상당수를 차지하는 건
단연 대출 광고.
이것저것 따지지 않고 돈을 빌려주겠단다.
은행, 캐피털, 카드회사, 보험회사, 대부업체 등
모든 금융회사가 나서서
제발 돈 좀 빌려 가라고 난리다.

이른바 '빚 권하는 사회'다.
빚은 한국의 자살률을 높이는 주요 원인이다.
국민 10명 중 6명이 빚을 진 사회인데,
국민이 빚을 질수록
금융회사는 막대한 부를 쌓아간다.
채무자의 상환 능력도 고려하지 않는다.
그래서 이를 '약탈적 금융'이라고 부른다.

물론 신용이 좋은 사람은
아주 낮은 금리로 각종 우대 서비스를 받으며
돈을 빌릴 수 있다.
그래서 그 대출금을 레버리지 삼아
미래 가치가 있는 곳에 투자하고,
더 많은 돈을 번다.

이처럼 자신이 서 있는 위치에 따라
빚을 바라보는 관점은 완전히 다르다.
그리고 그 위치를 결정짓는 것이
바로 신용이다.

대체 신용이 뭐기에
누구는 더 큰 부자로 만들고,
누구는 자살로 내모는 걸까?

신용이란 무엇인가

"기한 내에 돈을 갚지 못하면
심장에서 가장 가까운 살 1파운드를
내놓아야 할 것이오!"

셰익스피어 희곡 「베니스의 상인」의
악명 높은 대부업자 샤일록의 대사다.

그는 살 1파운드를 담보로
안토니오의 대출을 승인했다.
살만 1파운드 베어가되
피는 한 방울도 흘려서는 안 된다는
판결이 나오지 않았다면,
안토니오는 영락없이 죽고 말았을 것이다.

신용이란 게 발달하지 않았을 옛날 이야기이자
허구의 이야기인 것만 같지만
지금도 돈을 제때 갚지 못하는 건
목숨을 내놓을 만큼 위험한 일이다.
특히 비정규직, 주부, 학생 등
신용등급이 낮은 사람들일수록 그렇다.

돈을 빌리고 받는 것,
즉 채권과 채무 관계는 신용으로 결정된다.
경제에서 신용은 나와 사회의 객관적인 관계를 뜻하는 지표로
이 지표에 따라 은행은 돈을 얼마만큼 빌려줄지,
어느 정도의 이자로 빌려줄지를 결정한다.
우리나라에서 신용은 1등급부터 10등급까지 나뉜다.
1등급이 가장 높고 10등급이 가장 낮은데
이 등급에 따라 은행에서는 대출 한도와 이자를 정한다.
일반적으로 신용등급이 높은 사람은

빚을 갚을 능력이 충분하다고 판단되는 사람이다.
소득이 지출보다 많고, 직장도 안정적이고,
예전에도 돈을 빌려다가 제때 잘 갚은 사람이다.
이런 사람에겐 돈을 빌려주는 것이
리스크가 낮으므로 은행은 이자율을 낮춘다.

물론 신용등급은 얼마든지 바뀔 수 있다.
신용등급이 높은 사람이 대출금 상환을
연체하면 등급은 떨어지고,
갚지 못하면 신용불량자로 전락한다.
우리나라에서 개인 신용불량자의 수는 약 102만 명이고
연체금액은 무려 130조 원이다.
안토니오처럼 위기에 처한 사람이
그만큼 많다는 뜻이다.

대한민국을 혼란에 빠뜨렸던
카드대란

우리나라 최초의 신용카드는 1969년
한 백화점이 제품 판매를 늘리기 위해
고객카드를 발급하면서부터다.
그러다 백화점뿐만 아니라 카드사와 은행에서도
카드 발급이 이뤄졌고
신용카드를 발급받는 사람들이 늘어났다.

신용카드 발급이 폭발적으로 늘어난 시기는
IMF 외환위기 이후 금융 시장에 대한
규제 완화가 추진되면서부터다.
정부는 세금 투명화와 내수 진작 등을 위해
신용카드 발급 및 사용을 장려했고,
기존 70만 원이었던 현금 서비스의 한도 제한도 없앴다.
금융회사도 새로운 먹거리라고 생각하고
공격적으로 영업에 나섰다.
그래서 당시 길거리나 대형 건물,
또 사람이 많은 지하상가나 역을 가면
어디서나 카드 발급 부스를 볼 수 있었다.

1999년 경제활동인구 1인당 카드 수가
평균 2장을 밑돌았는데,
3년 후인 2002년에는 1인당 4장을 넘어섰다.
신용도 제대로 확인하지 않고
무분별하게 카드를 발급했다.
사람들은 손쉽게 만든 카드로
당장 지갑에 돈이 없어도 원하는 물건을 살 수 있었고
맛있는 음식을 사 먹고 여행도 갈 수 있었다.
하지만 눈덩이처럼 불어난 카드대금을
갚을 방법이 없는 사람들은 신용불량자가 됐다.

2003년에 이 문제가 크게 터졌는데,

이를 '카드대란'이라고 부른다.

전체 신용불량자 372만 명 중

신용카드 불량자가 239만 명을 차지했다.

경제활동인구 5명 중 1명이

신용불량자가 됐고,

자살률도 급증했다.

카드업체들의 피해도 막심했다.

업계 전체의 당기순손실이 10조 원이 넘을 정도였다.

인도의 카드 대란과
자살률 급증

2008년 인도도
2003년 한국의 카드대란과
비슷한 상황을 겪었다.
인도가 경제 성장을 하면서
카드 보유자가 3천만 명을 넘었다.

저소득층 사람들도 카드를 수십 장씩 갖게 됐고
그 카드로 쇼핑을 하고 차도 샀다.
그리고 그 결과 이용대금을 갚지 못해
신용불량자가 많이 생겼고
카드대란이 일어난 것이다.

카드대란은 곧바로 자살률 상승으로 이어졌다.

인도는 그때까지만 해도
신용을 제대로 평가하는 시스템이 없었다.
은행들이 경제 성장에 힘입어
시장 확대에만 관심을 가졌지
신용관리는 소홀히 했다.
그리고 카드대란이 일어나자
비로소 카드 발급 기준을 강화하고
신용을 평가하는 시스템을 부랴부랴 만든 것이다.

2007년 대대적인 신용카드 마케팅에 나선 인도 최대 은행 SBI

채무자들을 구한 실험

1976년 방글라데시는 대부업으로 인한 피해가 심각했다.
제도권 은행에서 도움을 받을 수 없는 서민들은
어쩔 수 없이 대부업자에게 눈을 돌렸고
결국 원금과 이자를 갚지 못하는 사람이 많았다.
그럴수록 대부업체는 이자율을 높이며
서민을 더욱 옭아맸다.

그라민은행을 설립한 무하마드 유누스 교수

이때 미국에서 경제학 박사 학위를 취득하고 귀국한
치타공 대학의 무하마드 유누스^{Muhammad Yunus} 교수가
한 가지 실험을 진행했다.
그것이 바로 그라민은행 프로젝트^{Grameen Bank Project}.
빈곤층에 담보 없이 소액을 대출해주는 실험이었다.
신용이 높았던 유누스 교수는
저이자로 대출을 받아 소액으로 나눈 뒤
빈민들에게 담보 없이 낮은 이자로 대출해줬다.
서민들이 높은 이자 때문에
대출금을 갚지 못한다고 생각했기 때문이었다.
놀랍게도 상환율은 98%에 달했고,
흑자를 거둔 덕분에 유누스 교수는
계속 이 실험을 진행할 수 있었다.
이 실험 후 3년 만에 500여 가구가
절대 빈곤에서 벗어났다.

이 실험은 전 세계 37개국으로 확대되었고,
빈곤을 퇴치한 공로를 인정받아
유누스는 2006년 노벨평화상을 수상했다.

국가에도 신용등급이 있다

그런데 신용은 개인에게만 중요한 것이 아니다.
기업과 국가도 신용 평가를 받는다.
물론 신용등급이 높을수록
낮은 금리로 돈을 빌릴 수 있고
자금 사정이 일시적으로 악화됐을 때도
비교적 쉽게 돈을 빌릴 수가 있다.

그렇다면 누가 어떻게
기업과 국가의 신용등급을 매기는 걸까?
세계적인 권위를 인정받는
3대 신용평가기관이 있다.
바로 무디스Moody's, 피치Fitch,
스탠더드앤드푸어스Standard & Poor's.
이 기관들은 예를 들어 국가가
신용 평가의 대상인 경우
대외 부채와 부채를 갚을 능력,
성장 전망과 외환보유고,
또 정치 상황과 경제 정책을
종합적으로 고려한다.

그리고 이렇게 평가된 신용등급으로
나라 간 거래가 이뤄진다.
신용이 좋지 않은 국가라면
다른 나라가 그 나라와 거래하는 것을 꺼리게 되고,
돈을 빌릴 때도 신용이 좋은 나라보다
더 많은 이자를 내야 한다.

우리나라의 신용등급이
가장 낮았던 시기는 1997년 12월
외환위기 때로,
투자부적격 등급인 B+를 받았다.
두 달 만에 신용등급이
무려 10단계나 내려간 것이다.
하지만 외환위기를 극복해낸 이후
신용등급도 꾸준히 상승하여
2016년 8월 드디어 사상 최초로
S&P로부터 AA 등급을 받았다.
AA는 국가신용등급 중
세 번째로 높은 단계로
일본보다도 높은,
세계 최고 수준의 신용을 뜻한다.

신용불량자를 피하는 방법

개인이건 기업이건 국가건
신용등급을 올리는 건 쉽지 않은 일이다.
떨어질 땐 한꺼번에 떨어지고
올라갈 땐 천천히 단계별로 오른다.

신용 관리를 잘하려면
대출금을 연체하지 않는 것이 가장 중요하다.
적은 돈이라도 연체가 있다면,
신용등급에 좋지 않은 영향을 끼치기 때문에
연체가 없도록 관리하는 것이 좋다.

또 연체는 제일 오래된 것부터 갚아나가고
대출 기간이 비슷하다면
이율이 높은 대출부터 갚는 것이 유리하다.

대출을 갚기 어렵다고 삶을 포기해서는 안 된다.
정부와 공공기관이 운영하는
서민금융 지원제도도 기댈 만하다.
고금리 대출을 저금리 대출로 전환해주는 제도도 있다.

또 부실 채권을 매입해 소각하는 방식으로
불법 추심에 시달리는 채무자들을 돕는
주빌리은행도 있다.
현재까지 3만 6천여 명의 사람이
주빌리은행의 도움으로,
빚을 탕감받고 고통에서 벗어났다.

돈을 빌리는 사람만큼이나
돈을 빌려주는 사람의 도덕적 책임도 있다.
그 책임을 혼자서 다 지려고 하지는 말자.

그리고
언제나
돈보다
사람이

더

중요하다는
사실을
잊지 말자.

여 여러분의 힘으로 100억원의 빛이 사라집니다

2015 8. 27. 주빌리은행 출범식

2015년 주빌리은행 출범식에서 채권을 불태우는 퍼포먼스를 하고 있다.

PART3

MONEY

당신의 지갑이 1cm 더 두꺼워진다

9장

100조 짐바브웨 달러
세뱃돈

1cm

최악의 달걀파동

2016년 겨울,
우리나라는 최악의 조류인플루엔자A.I. 사태로
달걀 한 판이 9천 원에서 1만 원까지 치솟았다.
제과업계는 달걀을 많이 쓰는 카스텔라나 머핀 등의
공급을 일시적으로 제한했고,
김밥집이나 계란빵 등 달걀을 재료로 쓰는 가게에서는
달걀을 넣지 않거나 양을 줄이는 방법을 택했다.
설 명절을 앞둔 주부들은
가격이 쌀 때 조금이라도 더 사기 위해
동네 마트를 전전하기도 했다.

2016년 조류인플루엔자 사태로 달걀을 불태우는 현장

일부 가정에서는 천정부지로 뛰는 달걀값을 감당하기 힘들어
아예 달걀을 사지 않기도 했다.
한 달 생활비는 그대로인데 달걀을 사면
다른 생필품이나 식품을 포기해야 하기 때문이다.
달걀 대란을 해결하기 위해 정부는
외국에서 달걀을 수입해서 공급했지만
여전히 달걀값은 한 판에 6~7천 원대를 호가한다.
이것을 악용해서 한 달걀 유통업자는
식용 달걀이 아닌 부화용 달걀을
비싼 가격에 유통했다가 적발되기도 했다.

재난이나 질병 등의 이유로
식품이나 농산물 가격이 뛰는 경우도 있지만
정책 때문에 물가가 오르는 경우도 있다.

미국의 옥수수 가격이 바로 그런 경우다.
미국은 유가 상승과 지구온난화를 우려하여
바이오 연료인 에탄올을 만들기 위해
많은 양의 옥수수를 사용했다.
에탄올은 옥수수에서 추출하는 것이기 때문이다.
2005년부터 다양한 에너지 정책 법안을 만들어
바이오 연료의 생산과 보급을 장려했고,
그 결과 에탄올 생산에 투입된 옥수수가 세 배 이상 증가했다.
수요가 늘어난 만큼 옥수수 가격이 오를 수밖에.

옥수수로 에탄올을 생산하는 미국 사우스다코타 주의 한 공장

옥수수 가격이 오르면 옥수수를 재료로 쓰는
사료나 식품의 가격도 연달아 오른다.
또 옥수수를 대체할 수 있는 쌀이나 밀 가격도 함께 오른다.
이는 2007년과 2008년에 나타난 현상으로,
농업agriculture과 인플레이션inflation의 합성어인
애그플레이션agflation이라는 말이 처음 생겨났다.

애그플레이션으로 가장 큰 피해를 본 것은 역시 빈곤국가다.
빈곤국가일수록 식생활에 쏟아붓는 비용이 많으니까.
옥수수나 달걀처럼 필수 농산물 가격이 급등할 경우,
빈곤국가의 국민은 생존에 위협을 받게 된다.

달걀과 옥수수와 마찬가지로
석유, 구리, 철광석 등 원자재 가격이 상승해도
물가는 줄줄이 오르는데,
이를 비용 인플레이션cost-push inflation이라고 부른다.

한편 그보다 더 본질적인 건 통화량의 증가로
화폐의 가치가 하락하는 수요 인플레이션demand-pull inflation이다.

저금리 등의 이유로 유동성이 늘어나면,
공급보다 수요가 많이 늘어나 물가가 상승한다.

돈을 세지 않고
무게로 재는 베네수엘라

남미 베네수엘라의 수도 카라카스.

이곳 사람들은 돈을 무게로 잰다.

더 정확히 말하면 돈이 가득 든 봉지를 들고 다니며

그 무게로 화폐의 가치를 매기는 것이다.

극심한 인플레이션이 만들어낸 풍경이다.

콜라 한 병을 마시기 위해서

현지에서 가장 큰 통화인 100볼리바르 25장이 필요하다고 하니,

화폐 가치가 얼마나 떨어졌는지 대충 짐작이 될 것이다.

도대체 세계 5위의 산유국인 베네수엘라에

무슨 일이 있었던 걸까?

가장 큰 이유는 베네수엘라의 원유 수출이 어려워졌기 때문이다.

셰일오일을 저렴하게 채굴할 수 있게 된 미국과

중동 OPEC 국가들과의 원유 가격 경쟁으로

원유 가격이 급격히 하락했다.

하지만 베네수엘라는 중동 국가들보다

채굴 비용이 많이 들어 가격 경쟁을 감당할 수 있는 수준이 아니었다.

그런 상황인데 원유를 반값만 받고 팔아야 하니,

하이퍼인플레이션으로 고통받는
베네수엘라의 수도 카라카스의 한 전통시장

국가 재정 자체가 위태로워진 것이다.
그런데 정부는 당장의 문제를 해결하기 위해
화폐를 더 찍어버렸다.
그 결과 통화량이 두세 배씩 늘었고 화폐 가치는 계속 떨어졌다.

지금도 베네수엘라의 화폐 가치는 시시각각으로 떨어져
정확한 통계를 내기도 어려울 지경이다.
베네수엘라 사람들에게 돈은 그야말로 휴지조각이 됐고,
물건 하나를 사려면 뭉칫돈을 주고받아야 하니
돈을 세는 것보다 저울에 다는 편이 편할 정도가 됐다.

이것이 바로 하이퍼인플레이션 hyper inflation,
1차 세계대전 이후 독일도 겪었던 고통이다.

지폐를 땔감으로 사용한 독일

1923년 독일 하이퍼인플레이션 시기의 식료품 가게

1차 세계대전이 끝난 뒤 독일은
베르사유 조약에 의해
막대한 전쟁 배상금의 빚더미를 안게 됐다.

독일의 일간지 《슈피겔Der SPIEGEL 》에 따르면
1923년 11월 당시의 1달러는
4조 2천억 마르크에 거래될 정도로
독일의 화폐 가치가 폭락했다.
월간 인플레이션율이 2만 9천 5백%에 달했다고 하니,
그야말로 상상을 초월한다.
당시 독일에서 빵 1kg을 사려면
무려 4,280억 마르크가 필요했다.
화폐를 땔감으로 사용하는 사람이 있었다는 게
이제 이해가 좀 될 것이다.

하이퍼인플레이션을 겪은 나라는 또 있다.
아프리카의 짐바브웨도 2008년
월간 인플레이션율이 2억 3천 1백만%에 달했고,
빵 하나 가격이 7억 짐바브웨 달러까지 치솟았다.

심지어 어느 화장실에서는
'이 변기에는 화장실 휴지만 사용!
포장용 상자, 천, 짐바브웨 달러, 신문 사용금지!'라는
경고문까지 붙어 있을 정도였다.

2016년 당시 콜라 한 캔을 사기 위해 5백억 짐바브웨 달러가 필요했다.

하이퍼인플레이션의 원인은 베네수엘라의 경우와 같다.
정부가 나라를 운영할 돈이 없어
화폐를 마구 찍어댄 것이다.
화폐 가치가 떨어지자 짐바브웨는
최고액권 100조 짐바브웨 달러까지 발행했다.

100,000,000,000,000달러!

이 지폐는 2008년 1월부터 2009년 2월까지
1년만 유통되고 폐기됐지만,
지금은 전 세계적인 기념품이 되어
온라인 쇼핑몰 등에서 거래되고 있다.
한국에서도 세뱃돈으로 인기가 있었다.
유통되던 당시 실제 가치는 400원쯤 되었지만,
지금은 행운의 돈이라는 해석이 더해져
3만 원 ~ 5만 원 정도로 거래된다.

지독한 물가 상승은
독재자를 낳는다

하이퍼인플레이션을 겪은 독일 정부는

초긴축 정책에 돌입했다.

1923년 공무원 수를 3분의 1로 줄이고

전쟁 배상금의 지급도 미뤘다.

그리고 새로운 중앙은행을 설립해 화폐를 발행했고

정부의 재정을 충당하지 않았다.

개혁을 단행한 덕분인지 경제가 차츰 안정화되는 듯했지만,

이미 중산층이 붕괴한 이후였던 터라

많은 노동자가 공산주의자가 됐다.

이 틈을 노리고 독재자가 출연하는데,

그가 바로 아돌프 히틀러 Adolf Hitler 다.

짐바브웨에도 독재자로 불리는 사나이가 있다.
세계에서 최고령 국가 원수이자 37년 장기집권 중인
로버트 무가베Robert Mugabe 대통령.
그는 자신의 93번째 생일파티를 성대하게 치렀는데
그 행사는 전 세계인들의 비난을 받았다.

국민은 식량 위기를 겪고 있고
공무원들 월급도 제대로 못 주는 상황에서
생일잔치 비용으로 우리 돈으로 26억 원이나 썼다.

2017년 2월 25일 자신의 93번째 생일파티를 즐기고 있는 로버트 무가베

리디노미네이션으로
인플레이션을 극복한다?

하이퍼인플레이션을 겪고 있는 베네수엘라 정부는
2016년 12월 화폐 개혁을 하겠다고 발표했다.
기존의 최고액권은 100볼리바르였는데,
500볼리바르에서 2만 볼리바르까지
총 여섯 종의 지폐를 발행하기로 결정한 것이다.
이 때문에 국민은 한바탕 난리를 겪어야 했다.
베네수엘라 국민의 30% 정도가 돈을 현금으로
집에 보관하고 있었는데 새로운 화폐를 바꾸기 위해서는
은행에 줄을 서서 계좌를 만들고 신권으로 바꿔야 했다.

이러한 정책을 리디노미네이션 re-denomination 이라 한다.
인플레이션이 장기화하여 화폐 단위가 지나치게 커지면
화폐 단위를 조정해 불편함을 덜고자 하는 것이다.
단위가 줄면 돈 계산이 빨라지고 소지하는 것도 편해진다.

리디노미네이션에 성공한 대표적인 나라로 터키가 있다.
터키도 1970년부터 매년 물가상승률이 50%에 달하는
하이퍼인플레이션 국가였다.
하지만 터키 정부는 1981년 이후
평균 2년씩 새로운 고액권을 발행해서
물가상승률을 낮췄다.
그리고 2005년 1월 화폐 단위를 백만분의 1로 낮추고
명칭도 리라 Turk Lirasi 에서 신 리라 Yeni Turk Lirasi 로 바꿔
인플레이션을 잡았다.

우리나라도 과거 두 차례 실행했고
지난 2008년에도 실행하고자 검토한 적이 있다.
1,000원을 1환으로 바꾸고,
고액권 50환과 100환을 새로 발행하는 방안 등을 마련했다.
새로 도입하는 100환에는 김구, 50환에는 신사임당을 넣고,
5환과 1환 도안에는 정약용과 장영실을 넣을 계획이었다.

하지만 혼란이 일거나 인플레이션이 유발되고
뇌물로 활용될 수 있다는 우려로 무산됐다.
그리고 대안으로 나온 것이 고액권인 5만 원 지폐다.

리디노미네이션에 대한 논의는 지금도 이어지고 있다.
1달러에 해당하는 자국 화폐 가치가 천 단위가 넘어가는 건
OECD 국가 중 한국밖에 없다.
또 지하경제에 숨어 있는 돈을 끌어내는 데도
리디노미네이션이 도움이 된다고 한다.

디플레이션과 스태그플레이션

인플레이션의 안 좋은 점만 부각된 것 같은데,
사실 하이퍼인플레이션이 아닌
적당한 인플레이션은 경제 성장에 도움이 된다.
내일보다 오늘이 더 싸다는 생각에 소비가 촉진되고,
그만큼 생산자의 생산 의욕도 강해지며,
자연스럽게 고용도 늘어난다.

오히려 물가가 떨어지는 디플레이션^{deflation}이 더 위험하다.
돈의 가치가 계속 올라간다면,
가만히 돈을 갖고 있는 것이 가장 유리하므로
사람들은 투자도 소비도 하지 않게 된다.
그만큼 고용도 임금도 줄고,
구매력이 저하된 만큼 시장은 더 축소된다.
경제학자 어빙 피셔^{Irving Fisher}는 이렇게 말했다.

"디플레이션이 발생할 경우
 경제 전 영역에 걸친 파산 이후에야 상황이
 궁극적으로 안정될 수 있을 뿐."

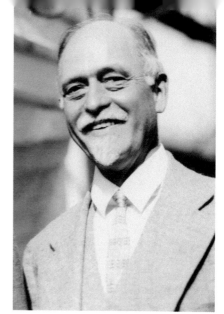

어빙 피셔

1930년대 이전에는 디플레이션이 빈번히 발생했지만,
지금은 사실상 이론적으로만 존재하는 현상이라는 해석도 있다.
그래서 더 경계를 갖는 것은 스태그플레이션stagflation 이다.
경제가 불황이라 실업률은 높아지는데
물가까지 상승하는 현상을 가리킨다.
2017년 초 한국은 스태그플레이션 조짐을 보인다.
저성장은 굳어졌는데,
소비자물가 상승률은 두 달 연속 2%에 달했다.
달걀 파동 등 식료품값 상승 때문에 발생한
일시적인 현상이라는 시각도 있지만,
지금은 분명 스태그플레이션에 대비할 때다.

10장

자국 이기주의가
기승을 부리는 무역

중국이 뿔났다

2017년 3월
중국 정부가 한국 관광 금지령을 내렸다.
뿐만 아니라 초등학생에게 한국 제품을 사지 말라고 가르치고,
한국 기업이 운영하는 대형마트까지 영업정지 시켰다.

2017년 3월 명목상 소방 안전의 문제로 영업 정지를 당한 중국 장쑤 성의 롯데마트 매장

다른 평계를 대고는 있지만,
중국이 이렇게 강경책을 두는 이유는
고고도미사일방어체계 THAAD, 사드 배치 때문이다.
중국은 사드 배치 철회 요구가 관철될 때까지
한국에 대한 압박 수위를 더 높여갈 계획이다.
중국인들의 반한 反韓 감정도 점점 높아질 것이다.

한국인보다 중국인을 더 많이 볼 수 있다는
제주도와 서울 명동 거리는 '유커 遊客'가 큰 고객이었다.
중국 관광객의 발길이 끊기게 되면
가장 먼저 직격탄을 받게 되는 것은 관광산업이다.

중국인 관광객이 많이 찾는 서울 명동 거리

백화점이나 면세점, 특히 거리에 있는 작은 상점가는
매출에 큰 타격을 받기 때문에 더 민감하다.
실제로 중국인들에게 선호도가 높은 화장품회사의 경우
중국의 한국 여행 금지 발표가 나자
매출이 줄고 주가가 떨어지는 등 많은 어려움을 겪고 있다.
문화 콘텐츠 업계도 비상이 걸렸다.
한류스타의 중국 방송 출연이 금지되었고,
정당한 저작권료를 받으며 방송되었던 한류 예능은
프로그램명만 살짝 바꿔 무단으로 방송되고 있다.

이처럼 사드 배치에 따른 경제 보복 조치가 장기화한다면
양국의 분위기는 더욱 악화할 것이고,
그 피해 규모는 점점 더 커질 것이다.
그러면 중국 역시 피해를 벗어날 수 없다.
한 나라와 다른 나라의 거래, 즉 무역은
어느 한쪽의 이익이나 손해를 보는 구조로는 오래갈 수 없으니까.
중요한 건 무역 정책을 어떻게 펼치느냐에 따라
국민의 지갑 사정이 달라질 수 있다는 것이다.
이번 장에서는 세계무역과 경제에 대해 알아보자.

아편 전쟁은 무역 전쟁

영화 「연인The Lover」에 이런 장면이 나온다.
프랑스 소녀와 사랑에 빠진 중국인 남자는
아버지를 찾아가 정말로 좋아하는 여자가 있다고 고백한다.
하지만 아버지는 멍한 눈빛으로 아편을 피우며
아들을 바라볼 뿐이다.

마르그리트 뒤라스의 소설 「연인」

18세기부터 중국에서는 아편을 피우는 사람이 늘었다.
1780년 약 1천 상자에 불과했던 아편의 수입량은
1830년에는 1만 상자로 뛰었다.

중국에 아편 수입이 늘어난 이유는
영국과의 무역 문제 때문이다.
당시 영국에서는 중국제 차와 도자기가 큰 인기를 끌었다.
반대로 중국에서는 서양 물건이 그리 인기를 끌지 못했다.

많은 돈이 중국으로 빠져나가게 되자
영국은 무역적자를 면치 못했고
이를 막기 위해 아편을 몰래 팔기 시작했다.
마약인 아편은 인도의 벵갈 지방에서 재배해 중국에 수출했는데,
이것이 중국 국민들에게 급속도로 퍼져
아편에 중독된 사람이 계속 늘어났다.
1930년에는 아편 중독자들이 약 5백만 명이 될 정도로
아편은 중국인들의 삶을 빠르게 무너뜨렸다.
그리고 아편을 구입하기 위해 중국의 은이 영국으로 흘러들었다.

청나라는 아편 무역 금지 조처를 내렸고
이를 계기로 영국이 중국을 공격해 아편 전쟁이 일어났다.
중국은 우세한 영국 군대를 이길 수 없었고
1842년 난징조약을 맺게 된다.

아편 전쟁

난징조약의 내용은 다음과 같다.

1. 홍콩을 영국에 넘겨준다.
2. 광동, 하문, 복주, 영파, 상해 등 5개 항구를 개항한다.
3. 개항장에 영사를 주재시킨다.
4. 중국은 전쟁 배상금 1천 2백만 달러, 몰수된 아편 배상금 6백만 달러 등을
   3년 안에 영국에 지급한다.
5. 공해의 독점무역을 폐지한다.
6. 수출입의 관세를 정한다.
7. 동등한 지위에 있는 양국 간의 문서 교환은 동등한 형식을 사용한다.

홍콩은 1997년 중국에 반환되었지만
불평등한 조약을 맺은 사실은 중국 역사에 오랫동안 남았다.

이처럼 무역은 한 나라의 역사를 바꿔놓는
계기가 될 수 있다.

트럼프 정부의 보호무역주의

2017년 1월, 트럼프 정부가 들어서면서 세계 경제가 불안에 떨었다.
미국이 자국 경제를 살리기 위해
보호무역protective trade을 실시하겠다고 나섰기 때문이다.
미국 정부는 환태평양경제동반자 협정TPP에서 탈퇴하겠다고 공식 선언했고
북미자유무역협정NAFTA과 한미 자유무역협정FTA 재협상 카드를 꺼냈다.

미국이 이처럼 보호무역을 하겠다고 나선 것은
수년간 매우 큰 규모의 무역수지 적자를 기록했기 때문이다.
자국 산업 보호는 일자리 및 소비와 직결되는 문제다.
실제로 자동차를 비롯한 많은 제조 기업이 멕시코에
공장을 세워 미국으로 제품 수출을 한 탓에 일자리가 급감했다.
그러니 트럼프는 수입 관세를 높이는 등의 보호무역 조치를 통해
해외공장을 미국으로 이전시키라고 많은 기업을 압박하고 있다.

보호무역의 효과가 의도한 대로 나온다면
미국인들은 관세 때문에 비싸진 수입품이 아닌
상대적으로 저렴한 국내 생산 물건을 선택할 것이다.
그러면 많은 다국적기업의 미국 내 투자가 늘어나고,
일자리도 따라 늘어나게 될 것이다.
그만큼 경제도 활기를 띠게 되는 것이다.
이것이 미국이 보호무역을 주장하는 이유다.

하지만 다른 한편에서는 미국의 이런 보호무역 정책이
오히려 역효과를 낼 수 있다고 주장한다.
높은 관세를 피해 국내에서 제품을 생산한다고 해도
높은 인건비 때문에 가격이 올라가면
또다시 실업률이 높아질 수 있다는 얘기다.
가격이 비싸면 그만큼 제품이 팔리지 않고
또다시 고용이 줄어들 수 있기 때문이다.

실제로 미국자동차연구센터^{CAR}에서 내놓은 자료에 의하면
유럽 수출용 소형 자동차를 멕시코에서 만들고 직접 수출하면
미국 내에서 생산하고 수출하는 것보다
자동차 1대당 4,300달러를 아낄 수 있다.
또 신흥국의 공장이 미국으로 이전되면,
그만큼 신흥국 노동자들이 일자리를 잃고 소비능력을 상실한다.
그러면 미국 기업으로서도 매력적인 시장을 빼앗기게 되는 것이다.

그만큼 세계화가 급속도로 진행된 현재,
어느 국가도 저 혼자 잘살 수는 없다.

기업 전략의 최고 권위자인 마이클 포터^{Michael Porter}가 말한
글로벌 가치사슬^{Global value chain}이라는 개념을 기억해두자.
상품과 서비스의 설계, 생산, 유통, 사용, 폐기 등
기업의 모든 활동은 전 세계적으로 복잡하게 얽혀 있어
서로 많은 영향을 주고받을 수밖에 없다.
피해를 본 국가 입장에서도 보복 조치에 나설 확률이 높다.
실제 멕시코는 미국의 옥수수 수입을 금지하는 법안을 발의했다.
양국의 관계가 악화하면 피해는 양쪽 모두 입게 되는 것이다.

로봇이 자동차 도색을 하고 있는 공장

한편 트럼프 정부의 단순한 생각과는 달리
제조업 일자리가 생각처럼 늘지 않을 거라는 분석도 있다.
이미 공장 자체가 자동화 및 기계화된 데다
4차 산업혁명, 스마트 공장의 도입 등으로 인해
로봇이 인간의 노동력을 대체하는 속도도
점점 빨라질 것이기 때문이다.

보호무역주의가
한국에 미치는 영향은?

무역은 한 나라의 경제를 크게 성장시키거나
위축시키는 중요한 요인이 될 수도 있는데,
한국은 무역을 통해 성장해온 대표적인 나라다.
1970~1980년대 수출 중심의 경제 성장을 이뤄낸 우리나라는
지난 1995년 세계무역기구인 WTO 출범과 함께 회원국이 된 이후
세계 10위 무역 대국으로 성장했다.
세계 시장에서 선택받기 위해서는 품질을 향상하고
가격 경쟁력을 갖추는 수밖에 없으니,
기술력을 키우기 위해 갖은 애를 써왔고,
그 결과 짧은 시간 안에 무역 대국이 될 수 있었다.

자유무역의 질서 속에 한국 경제는 분명 큰 혜택을 받았다.
문제는 한국의 무역의존도가 G20 국가 중 2위일 정도로
자유무역에 크게 기대고 있다는 점,

그러니까 보호무역이라는 새로운 경제 질서에
전혀 준비되어 있지 않다는 점이다.

154

WTO OMC

WORLD TRADE ORGANIZATION

ORGANISATION MONDIALE DU COMMERCE

ORGANIZACIÓN MUNDIAL DEL COMERCIO

트럼프의 미국뿐만 아니라 영국의 유럽연합 탈퇴 등
세계 경제는 보호무역의 색채가 점점 강화되고 있는데,
한국 경제는 아직 이런 전환의 시대에 아무런 준비도 되어 있지 못하다.
미국과 중국에 수출이 집중된 것도 문제다.
그러니 중국의 사드 보복에 더 크게 흔들릴 수밖에 없다.

특정 국가에 대한 무역 의존도를 낮추고,
내수시장을 키우는 등의
획기적인 조치가 필요한 시점이다.
겨울이 오고 있는데 여전히 여름인 것처럼 옷을 입고 다니면
얼어 죽을 수밖에 없다.

무역과 환율

무역을 결정짓는 가장 중요한 요소는 환율이다.
환율이 높고 낮음에 따라 양국 간의 거래는 요동친다.
그러므로 때론 두 국가 사이에 '환율 전쟁'이 벌어지기도 한다.

그중 가장 대표적인 사례가
1980년대 미국과 일본의 환율 전쟁이다.

플라자합의가 이뤄진 뉴욕 플라자 호텔

1980년 물가 상승률이 14%에 달한 미국은
인플레이션을 잡기 위해 금리를 인상하는데,
그 결과 달러의 가치가 급격히 상승한다.
강달러로 미국과의 무역에서 가장 큰 이득을 본 국가는
저렴하면서도 좋은 제품을 생산해내는 일본이었다.
1981년부터 1985년까지 일본의 대미 수출은 비약적으로 증가한다.
4년 동안 무려 2.5배 정도의 수출액이 늘어서
미국의 대일 무역적자는 430억 달러에 달할 정도였다.

그래서 1985년 미국이 내린 조치가 바로 플라자 합의다.

프랑스, 독일, 일본, 미국, 영국으로 구성된 G5의 재무장관들이 모여

달러화 강세를 바로잡도록 결의한다.

역시 가장 큰 타격을 받은 건 일본이었다.

플라자 합의 이후 3년 동안 엔화 대비 달러 가치는 50% 가까이 하락했다.

엔화가 오르니 대미 수출이 급감했고,

6%대의 성장률은 2%대로 고꾸라졌다.

이는 환율이 무역에 미치는 영향이 절대적이라는 증거다.

이후 일본은 이 상황에 대처하기 위해 저금리 정책을 썼지만,

이는 곧 부동산 가격 폭등으로 이어진다.

부동산 거품이 너무 커지자 일본은 부랴부랴 다시 금리를 높이는데,

결국 이 조치로 부동산이 폭락하고,

이른바 일본의 잃어버린 20년이 시작된다.

무리한 대책은 언제나 부작용을 낳고,
그 부작용을 없애기 위한 응급조치는
더 큰 부작용을 만들어내는 법이다.

트럼프 대통령 당선 이후 또 한 번 환율 전쟁이 시작될 조짐을 보인다.
사실 삼성전자나 현대자동차 등 그동안 국내 대기업의 좋은 실적은
원화 가치가 낮은 덕택이었다는 해석도 있다.

게다가 미국 금리 인상이 시작된 이후 강달러 현상이 지속하자
미국의 무역수지 적자는 더욱 늘어났다.
그래서 미국은 한국과 중국 등 대미무역 흑자가 높은 국가들을
환율조작국으로 지정해 제재를 가하려고 검토하고 있다.
실제 환율조작국으로 지정될 가능성은 적다는 게 전문가들의 견해지만
검토 대상이 된 것만으로도 심리적 압박을 받을 수 있다.

가장 현실적인 대처가 미국 제품을
더 많이 수입하는 것이라고 하니,
미국으로선 압박만으로도
원하는 결과를 얻어낼 수 있는 셈이다.

문화는 21세기 주요 무역거래 상품

오~ 오 오 오 오~ 오빠 강남스타일~

가수 싸이의 히트곡 「강남스타일」은 세계 어디서든 통한다.
메콩 강에 살고 있는 한 꼬마부터
오바마 전 미국 대통령까지 싸이의 말춤을 췄다.
오늘날의 무역은 공장에서 생산된 제품에 한정되지 않는다.
나라 간의 문화와 서비스, 교육, 지적재산권 등이 자유롭게 거래되면서
이에 따른 부가가치도 늘고 있다.

2000년대 초중반 '욘사마' 열풍이 분 일본에서
드라마 「겨울연가」가 벌어들인 수익은 무려 290억 원.
오리지널 사운드 트랙^{OST} 수익만 15억 원이라고 한다.
뿐만 아니라 「대장금」, 「태왕사신기」, 「아이리스」 등
수많은 드라마가 해외 각국에서 인기를 끌었고,
국내 스타도 한류스타란 이름으로 활발한 해외 활동을 시작했다.
한국의 문화 콘텐츠와 한류스타가 좋아서
한국어와 한국 문화를 배우는 외국인도 늘고 있다.
중국과 동남아시아 전역에서 한국 화장품이 폭발적으로 팔리는 것도
이 한류 덕택이다.

이처럼 한류는 경제적으로 큰 이익을 주고 있다.
그러나 문제는 '언제까지 이 인기가 계속될 것이냐'다.
일시적인 유행으로 그칠지 큰 흐름으로 자리잡을지는
지금보다 더 좋은 서비스와 수준 높은 콘텐츠를 제공할 수 있느냐에 달렸다.
물론 사드 보복처럼 외교적인 문제와 반한감정 등
외부적인 요인에도 많은 영향을 받을 수 있다.
이미 한류는 시험대에 올라 있다.

문제는 혁신

지금까지 살펴본 것처럼 자유무역의 흐름이 뒤집히고 있다.
자국 이기주의도 기승을 부리고 있고,
환율 전쟁부터 외교 분쟁까지 무역에 악영향을 미치는 요소도 많다.
막연히 별일 없을 거라고 안이하게 대처하다간
더 큰 위기에 봉착할 수 있다.

기업 입장에서도 정부 정책만 바라보며
손 놓고 있을 수만은 없다.
결국, 혁신적인 제품을 생산해내면,
세계 각국의 소비자들에게 선택받을 수 있다.
대륙의 기적 샤오미도 처음에는
중국 내부에서조차 무시당하는 기업이었다.
하지만 기술력을 높여 좋은 품질의 제품을 생산해내고
선주문 후생산, 중간 단계를 없앤 직거래로
가격을 낮추는 등의 혁신을 이뤄
스마트폰 업계에서 세계 1, 2위를 다투는
애플과 삼성을 위협할 정도로 가파르게 성장했다.

중국 베이징에 있는 샤오미 본사

이처럼 무역은 나라와 나라 사이를 이어주는 교류의 장이지만
나라 간의 기술과 상품을 경쟁하는 무대이기도 하다.
그리고 이 무대를 누가 주도하느냐에 따라
한 나라의 경제가 성장하기도 하고 후퇴하기도 한다.

과연 한국 기업은
지금의 이 위기를 돌파할
기초체력과 전략을 갖추고 있을까.

노동자이자 소비자이자 투자자로서의
당신의 대처법은 무엇인가.

11장

사기와 투기의
대상이 된 화폐

1cm

금융범죄 예방 전문가가 된
희대의 사기꾼

돈이 최고다!
이 말에 동의하는가?
감정적으로 거부감이 생기더라도
쉽게 부정할 수는 없지 않은가?

돈의 힘이 막강한 이유는
무엇으로든 교환할 수 있기 때문이다.
화폐가 생겨나지 않았다면,
지금도 물물교환으로 원하는 걸 가져야 한다면,
결코 오늘과 같은 세상은 오지 않았다.

화폐가 그 가치를 인정받기 위해선
사람들의 동의가 필수적이다.
인정받지 못하는 '망명정부의 지폐'는
한낱 '낙엽'에 불과하다.

그런데 이 낙엽에 불과한 것으로
원하는 모든 것을 가진 남자가 있다.
바로 영화 「캐치 미 이프 유 캔」에서
레오나르도 디카프리오가 연기한 희대의 사기꾼
프랭크 애버그네일 주니어Frank Abagnale Jr. .
실존 인물인 그는 1950년대 중반 미국에서
전국 은행을 돌며 위조한 수표를 현금으로 바꿨다.
그 액수가 무려 140만 달러!
현재 우리 돈으로 환산하면
16억 원이 넘는 돈이다.

프랑스에서 체포될 때까지 그는
돈을 물 쓰듯 쓰며 도피 생활을 한다.
그것도 의사, 파일럿, 변호사 등으로 신분을 속인 채.

불과 60년 전만 해도
이런 말도 안 되는 일이 가능했던 것.
더 흥미로운 것은 프랭크가 지금은 미국 최고의
금융범죄 예방전문가로 활약하고 있다는 사실!

프랭크 애버그네일 주니어

탈세와의 전쟁

2016년 겨울,
인도 국민은 큰 혼란의 시기를 겪었다.
사람들은 지갑에 돈이 없어서
발을 동동 굴렀고,
바쁜 공사 현장은 그대로 멈춰 섰다.
그 이유는 인도의 화폐 개혁 때문이다.

인도 제15대 총리 나렌드라 모디Narendra Modi는
'검은돈 척결'을 위해 화폐 개혁을 단행했다.

인도 국민이 가장 많이 쓰는 고액권인
500루피(약 8,500원)와 1,000루피(약 17,000원)를 폐지한 것이다.
시중에 유통되던 현금이 귀해지면서
서민들은 큰 불편을 겪어야 했다.

은행에서 돈을 찾기 위해 길게 줄을 서야 했고,
급기야 은행에서는 1인당 인출 금액을 줄였다.
건설 현장의 일용직 노동자들에게 일당으로 줄 돈이 없어서
당분간 공사를 중단하는 일이 생겼다.
소비가 위축되고 자동차 판매가 떨어지는 등
경제 활동에도 큰 영향을 끼쳤다.
거리에서 떠도는 빈민들도 적선이 줄어서
생활이 더욱 힘들어졌다.

인도의 화폐 개혁으로 돈을 바꾸기 위해 은행 앞에 긴 줄을 선 사람들

그러나 고통을 감수한 만큼 성과도 있었다.

인도 재무부는 개혁 후 실시한 세무조사에서

260억 루피(약 4,550억 원)의 은닉 수입을 찾아냈다고 밝혔다.

탈세의 주원인인 검은돈을 밖으로 꺼낸 것이다.

신권이 시중에 유통되면서 현금 인출은 정상화됐고

사람들의 불편함도 줄어들었다.

그 결과 나렌드라 모디 총리의 인기도 높아졌다.

민심을 얻은 것이다.

2014년 인도의 총리로 선출된 나렌드라 모디

악필도 고치는
화폐 발행자의 책임

미국 달러의 아랫부분에는 서명이 인쇄되어 있다.

그 서명은 미국 재무부 장관의 서명으로

미국은 새로 발행하는 달러에는

현 재무부 장관의 사인을 넣는다.

그런데 미국 제76대 재무장관인

제이콥 루Jacob Lew는

이 사인으로 곤욕을 치렀다.

그 이유는 그의 사인이 그림 같아서다.

너무 흘려 쓴 탓에 판독할 수 없고,

달러의 격을 떨어뜨린다는 의견도 많았다.

돼지 꼬리 같다는 비아냥거리는 소리도 들어야 했다.

이 때문에 당시 오바마 대통령은

제이콥 루 재무장관을 따로 불러

서명 필체를 바꿀 것을 요구했다.

제이콥 루는 몇 달에 걸친 사인 연습 끝에

마침내 새로 발행하는 5달러 지폐에

새로운 사인을 넣을 수 있었다.

새로 바뀐 제이콥 루 사인

19개국이 하나로, 유로화의 탄생

지폐에는 그 나라를 상징하는
건축물이나 동물, 인물이 주로 들어가는데
지난 2002년부터 유럽에서는
동일한 상징물이 들어간 유로화를
공동으로 사용하고 있다.
이 디자인은 유럽 통화연구기구European Monetary Institute
공모전에서 선정된 것으로
오스트리아 국가은행 지폐 디자이너인
로버트 칼리나Robert Kalina가 제안했다.

유로화가 선택한 상징물은 유럽을 대표하는 건축양식이다.
500유로는 20세기 현대 건축물과 대형 현수교,
200유로는 19세기 건물과 강철제의 다리,
100유로는 바로크와 로코코 양식의 건축물과 석조교,
50유로는 르네상스 양식의 건축물과 석조교,
20유로는 고딕 양식의 건조물과 아치형 석조교,
10유로는 로마네스트 양식의 건조물과 벽돌 측조다리,
5유로는 이오니아 양식의 건축물과 3층 석조 수도교.

€ 표시는 그리스 역사가 유럽 문명의
시작이라는 사실을 알리기 위해
그리스의 알파벳의 다섯 번째 글자 엡실론에서 따왔고,
두 줄의 가로 평행선으로 안정을 표현했다.
그리고 동전에는 모차르트나 켈트 하프 등
각 국가를 상징하는 인물이나 물건을 넣었다.

한편 현재 유로존이라 불리는 19개국에서
유로화를 쓰고 있지만
반대의 목소리도 점점 높아지고 있다.
유로존의 재정이 악화하고 금융위기가 장기화되고 있는 시점에서
한 나라가 독자적으로 통화정책을 쓸 수 없어서다.
이에 프랑스의 전 경제 장관이자 새로운 대통령으로 당선된
에마뉘엘 마크롱Emmanuel Macron은
다음과 같은 말로 유로화 개혁을 주장하고 나섰다.

"유로화는 EU 국가를 통합하지 못하고
미국 달러화에 맞서지 못한
'약한 독일 마르크화'와 같다.
중대한 개혁 없이는 살아남기 어렵다는
진실을 인정해야 한다.
그렇지 않으면 10년 이내에
유로화가 사라질지도 모른다."

2018년 폐기되는 500유로

'빈 라덴'이라는 별명이 붙은 지폐가 있다.

바로 500유로 지폐인데,
테러리스트의 자금으로
자주 사용되고 있기 때문이다.
또 범죄 조직의 돈세탁이나
자금 지원으로도 쓰이고 있다.
이에 유럽 중앙은행은 2018년부터
500유로 발행을 중지하겠다고 밝혔다.
물론 지폐 하나를 폐기하는 것은
쉽지 않은 일이다.

그래서 폐지를 반대하는 목소리도 있다.
500유로가 폐지된다고 해도
범죄 감소에는 영향을 미치지 못하고,
오히려 불편과 혼란만 가중될 거라는 얘기다.
특히 신용카드 사용에 부정적인 인식을
갖고 있어 500유로 지폐를 사용하는 비율이 높은
독일과 오스트리아에서 반대의 목소리가 높다.

또 폐지를 반대하는 사람들은

500유로가 사라지면 결국

은행만 이익을 볼 거라고 주장한다.

유럽 중앙은행이 마이너스 금리를 도입했기 때문에

사람들은 은행에 돈을 맡기려면 수수료를 내야 한다.

그래서 현금을 은행 대신 집에 보관하는

경우가 많은데, 역시 고액권인 500유로가 제격이다.

그러니까 범죄와 테러의 핑계를 대면서

실제로는 집에 보관된 현금을

은행으로 불러 모으기 위해

500유로를 폐지한다는 식으로 해석하는 것이다.

대한민국 화폐 변천사

우리나라 지폐에 처음으로 실린 인물은
초대 대통령 이승만이다.
1950년 한국은행이 생긴 이후
첫 지폐가 탄생했는데,
이승만 대통령의 초상화가
100원권과 500원권 지폐 중앙에 들어간 것이다.
그런데 얼마 못 가 중앙에 있던
초상화의 위치가 오른쪽으로 이동했다.
사람들이 지폐를 반으로 접어서 사용해서
초상화가 쉽게 훼손됐기 때문이다.

'대통령을 욕되게 하려고 의도적으로
초상화를 지폐 중앙에 넣었다'라는 소문이 돌았고,
결국 지폐 오른쪽으로 초상화 위치를 옮기게 됐다.

한편 1972년 처음 등장한 5천 원권에
그려진 인물은 조선 중기의 대표적인 학자인
율곡 이이栗谷 李珥.
그런데 1972년에 나온 5천 원권과
현재의 5천 원권 속 이이의 얼굴이 크게 다르다.
초기에 나온 5천 원권 속 이이의 얼굴은
코가 날카롭고 얼굴이 갸름하다.
당시 우리나라는 화폐를 찍어낼 기술이 없어
영국의 인쇄 기술자에게 의뢰했기 때문이었다.

서양인이 만든 율곡 이이였기에

얼굴도 서구화되었다.

지금과 같은 얼굴로 바꾼 건

1977년 우리나라 기술로 지폐를 만들면서부터다.

미래의 화폐

현대인들의 지갑에는 지폐나 동전이 아닌
카드가 가득 채워져 있다.
그리고 이제는 이 카드마저
스마트폰 안으로 들어가고 있다.
종이돈은 물론 카드가 없이도
돈을 쓰고 물건을 살 수 있는 세상이다.

그런데 이보다 더 혁신적인 화폐가 등장했다.
바로 가상화폐인 비트코인Bitcoin.
비트코인은 2008년 미국 금융위기 당시
정체불명의 일본인 프로그래머가 내놓은 가상화폐로
누구나 만들 수 있고 거래할 수 있다.
그동안 우리에게도 사이버 머니는 많았지만,
그건 싸이월드의 '도토리'처럼
한 사이트 안에서만 거래할 수 있는 식이었다.
그런데 이 비트코인은
전 세계에서 사용할 수 있는 진짜 돈이다.
대신 중앙은행도 없고 전체 생산량도 정해져 있다.

비트코인을 얻는 방법은 두 가지가 있다.
하나는 광부처럼 채굴 mining 하는 것인데,
이는 암호를 해독하는 것을 뜻한다.
또 다른 하나는 이미 현실에 유통되는 화폐를
돈을 지불하고 사는 것이다.
이렇게 채굴하거나 구입한 비트코인은
지갑이라고 불리는 전용 계좌를 통해 거래할 수 있다.

비트코인에 대한 전망은 엇갈린다.

14년 안에 세계 6대 기축통화가 될 거라고

전망한 투자자문업체도 있고,

골드만삭스처럼 아예 5천만 달러라는

거액을 비트코인에 투자한 투자회사도 있다.

한국에서는 아직 비트코인을 취급하는

가맹점 수가 120여 곳에 불과한데,

그중 일부는 비트코인을 투자의 대상으로 인식하고

계속 비트코인으로 저축하고 있다고 한다.

실제 비트코인의 시세는 최근 1년 동안

세 배 이상이 뛰었고, 그 결과 금보다 더 비싸졌다.

그리고 비트코인에 대한 세계 각국의 정책이 바뀔 때마다,

세계 곳곳에 있는 비트코인 거래소의 흥망성쇠에 따라

시세는 요동쳤다.

매력적인 투자처인 동시에 위험한 투자처인 셈이다.

이처럼 현재 비트코인은
실제 화폐로서의 기능보다는
투자 대상으로서의 기능이 더 크다.

실제 사용할 수 있는 가맹점 자체가 많지 않기 때문이다.
비트코인 핵심 개발자인 마이크 헌^{Mike Hearn}도
비트코인의 실험이 실패했다는 식의 주장을 펼쳤다.
더는 개발에 참여하지 않겠다고 선언한 것이다.

비트코인의 미래에 대해서는 쉽게 짐작할 수 없다.
하지만 비트코인이 실패하더라도
이를 능가하는 더 우월한 가상화폐는 언제든지 등장할 수 있다.
우리가 현재 사용하고 있는 지폐와 동전이
후대엔 박물관에서나 볼 수 있는 유물이 될지도 모를 일이다.
화폐는 금액만큼의 가치를 보장해주는 상징물이자
거래나 계약을 성사시키는 중요한 수단이고
우리가 먹고 마시고 생활하는 데
불편함이 없도록 해주는 고마운 존재다.

하지만 화폐가 화폐 본연의 기능을 잃고
투자의 대상으로만 인식된다면
누군가는 큰 피해를 볼 수밖에 없다.

12장

가난의 대물림을 막는
금융교육

1cm

저축이 왕이던 시절

"땡그랑 한 푼 땡그랑 두 푼
벙어리저금통이
아이고 무거워."

어릴 적 자주 들었던 동요다.

저축하는 습관을 들이면 부자가 된다는 얘긴데
학교에서 저축을 장려하던 시절이 있었다.

손에 쥐면 쓰기 마련, 저축하면 늘기 마련

1970년대 포스터 문구다.
한국전쟁 후 우리나라는 빈곤했고,
아껴야 잘산다고 믿었기에 허리띠를 졸라맸다.
통장에 한 푼, 두 푼 쌓일 때마다 웃음이 났고
그걸 위안 삼아 더 열심히 살았다.
이렇게 해서 모은 돈은
우리 경제를 성장시키는 데 큰 도움이 됐다.

지금은 '금융의 날'로 바뀌었지만
매년 10월 마지막 주 화요일은 '저축의 날'로
저축을 가장 많이 한 사람을 뽑아 상을 줬다.
1964년 9월 25일에 처음 지정된 저축의 날은
국가적인 행사였다.
대통령과 국무총리가 참석하고
신문사에서는 저축상 수상자들의 취재 기사를 냈다.

그러나 이제는 저축의 날이 언제인지
기억하는 사람은 거의 없다.
저축의 날의 의미가 상실된 것이다.
그 이유가 무엇일까?
1988년 당시의 가계순저축률은 24.3%.
2011년 3.4%까지 떨어졌다가
2016년 8.1%까지 다시 올랐다고 하니
당시의 저축 문화가 어땠는지 짐작할 수 있을 것이다.

역시 가장 큰 이유는 높은 예금 금리.
1988년 당시의 예금 금리는 15%에 달했다.
1~2%대의 초저금리 시대를 사는 지금으로선
도무지 상상이 안 될 정도의 높은 금리다.

저축에 대한 인식이 많이 달라지기도 했다.
저축만큼 소비가 중요하다는 인식이 널리 퍼졌고,
미래보다 현재를 중시하는 사람도 늘어났다.

쇼팽은 음악사 최악의 '돈맹'

'피아노의 시인'이라고 불리는 쇼팽!
그는 음악사 최고의 '돈맹'으로 불리기도 한다.

가난한 집에서 자란 그는 22세에 파리에서 열린
첫 연주회에서 큰 성공을 거두며
귀족들과 교류할 기회를 얻게 된다.
귀부인들이나 귀족 자제들에게 피아노를 가르치거나
자작곡을 헌정하며 최상류층에 진입한 것.

폴란드 포즈나니에서 라치빌 왕자에게 자신의 곡을 헌정하고 있는 쇼팽

하지만 돈에 대해 무지했던 그는
갑작스레 찾아온 부를 감당하지 못했다.
그는 품위유지를 한다는 명목으로
최신 유행 옷, 장갑, 마차, 가구, 향수 등
자신이 원하는 모든 것을 가져야 직성이 풀렸다.
그래서 버는 것보다 더 많은 돈을 쓰며
항상 돈이 없다고 전전긍긍했다.

쇼팽처럼 돈 관리를 제대로 못 하는 사람을
일컫는 신조어가 바로 '돈맹'이다.

또 비슷한 말로 1990년대 중반 미국에서
탄생한 '금융 문맹Financial Illiteracy'이 있다.
실제 현대사회에서는 금융 지식이 부족하면
마치 글을 읽지 못하는 문맹처럼
삶의 질이 저하될 수 있다.

금융감독원과 한국은행이 발표한
'2016 전 국민 금융이해력 조사'에 따르면
우리나라 국민의 금융이해력은 66.2점으로
OECD 16개 회원국 중 9위 수준.
OECD 회원국의 평균(64.9점)보다
조금 높은 수준이긴 하나 상위권을 차지한

프랑스 (71.0점), 핀란드(70.5점), 캐나다(69.5점)
등에 비해선 아직 부족하다.

또 이번 결과에서 주목할 점은 우리 국민이
다른 OECD 국가에 비해 저축보다 소비 성향이 강하고,
미래에 대한 대비가 취약하다는 점이다.

저축만이 살 길이었던 예전과
달라도 너무 달라졌다.

주주총회에 참석한
12세 소년

"스마트폰 폭발하지 않게 해주세요!"
삼성전자의 주주총회에서 한 어린 학생이 발표한 의견이다.

고작 12세였던 이 소년은 부모님께 받은 용돈을 모아
이 회사의 주식 2주를 샀다.
그리고 당당하게 주주총회에 참석해
손을 번쩍 들고 의견을 말한 것이다.

체험학습 삼아 아버지와 함께 왔다는데,
그야말로 살아 있는 금융교육이었다고 할 수 있다.

저금리가 장기화되고 노후가 길어지면서
금융교육에 대한 관심도는 확실히 증가했다.
부지런히 돈을 굴려서 불려야 한다는 사실을
많은 사람이 알고 있다.
하지만 금융 관련 얘기만 나와도
머리가 아프다는 사람이 많다.
우리 뇌는 아직 금융 지식이 낯설기 때문이다.

앨런 그린스펀

"글자를 모르는 문맹은 생활을 불편하게 하지만
금융 문맹은 생존을 못 하게 한다."

1987년부터 2006년까지 18년간 네 번이나
미국 연방준비제도이사회FRB 의장을 연임한
앨런 그린스펀Alan Greenspan 의 말이다.
실제로 그는 다섯 살 때부터 아버지에게
주식과 채권, 부모의 수입과 생활비, 저축과 부채 등에 대해
자세히 설명을 듣고 자랐다고 한다.
투자의 귀재, 워런 버핏Warren Buffett 도
어릴 때부터 신문 배달을 하고
호숫가에서 음료수를 판 돈으로
직접 투자를 시작했다고 한다.
어린 시절부터 금융교육을 받고,
또 직접 경험해보는 일이 얼마나 중요한지
알 수 있는 일화다.
그래서 요즘 젊은 엄마들은
아이의 MQMoney Quotient 까지 신경 쓴다고 한다.

한국과 세계의 금융교육

미국은 2008년 금융위기 이후 금융교육을 강화했다.
미국 43개 주가 교육과정에 금융교육을 포함했고,
17개 주에선 고등학교 의무교육으로 편성했다.
대통령 직속에 금융교육자문위원회를 두고
한발 더 나아가
'청소년을 위한 금융역량 강화 자문위원회'를 별도로 구성했다.
영국은 2014년부터 경제 · 금융교육을
중고등학교의 필수 과목에 포함했다.
또 수학 교과에서도 화폐 기능과 사용,
개인 예산 세우기, 투자위험 알기 등
실용적인 금융 지식을 가르친다.
그리고 호주에서는
유치원 때부터 고등학교를 마칠 때까지
금융 지식을 의무적으로 배운다고 한다.

이처럼 선진국들이 적극적으로
금융교육을 강화한 이유는
가난이 대물림되고 빈부 격차가 커지는 걸
막기 위해서다.

미국 포틀랜드에 거주하는 한 유대인 가정의 금융교육 시간

지난 2015년 발표한 한 조사에 따르면,
우리나라 경제 교육은 중·고 전체 교과의
약 0.7%(약 31시간) 수준이다.
조금씩 편차가 있지만, 이 중 금융교육은
2~3 시간에 불과하다.
그래서 교육부는 2018년부터 고등학교
'통합사회' 교과서에 금융교육을 반영하기로 했다.

모두가 주목하는
유대인의 금융교육

금융교육을 가장 잘하는 민족으로
유대인이 흔히 손꼽힌다.
전 세계 인구에서 유대인의 비중은
약 0.3%에 불과하지만
이들은 전 세계 부의 30%를 차지한다.
그들의 남다른 재산 불리기 감각은
가정에서부터 시작된다.

유대인들에게 경제 교육은 거창한 것이 아닌
일상생활 속에서의 교육이다.

부모들은 아이들과 함께하는 일상생활 속에서
자연스럽게 경제관념과 관련된
올바른 태도를 형성시켜준다.

일례로 유대인은 자녀에게
공짜로 용돈을 주지 않는다.
부모님을 거들어 집안일을 하거나
심부름을 했을 때 그에 맞는 대가를 준다.

바미츠바

노동의 가치와 돈의 가치를 연결한 것이다.
또 용돈을 주기 전에 반드시
그 돈의 사용처를 묻고 용돈 지출 계획서를 받는다.
그 후에도 아이의 용돈 지출이 계획서에 따라
잘 이루어지는지 수시로 점검한다.
한편 용돈을 받은 아이들은 일단 은행으로 달려간다.
저축부터 하고, 이후 돈이 필요할 때마다
부모의 허락을 받아 저금해둔 돈을 찾아 쓴다.

'바미츠바bar mitzvah'라는 유대인만의 성인식도 흥미롭다.
13세가 되면 치르는 행사인데,
친척들이 주인공에게 축의금을 전달한다.
그 액수야 가정 형편에 따라 천차만별이겠지만,
뉴욕에 거주하는 부유한 유대인의 경우
많게는 우리 돈으로 5천만 원을 준다고 한다.
이 축의금으로 아이는 부모의 지도를 받아
예금, 수익증권, 채권, 주식 등에 투자한다.

이 과정을 반복하면서 스스로
경제 금융에 대한 지식을 습득한다고 한다.

이런 노력을 통해 전달하고자 하는
유대인 경제 교육의 핵심은 다음과 같다.

돈은 좋은 것이다.
돈의 가치에 대해서는
합리적이고 현실적으로 알아야 한다.
푼돈의 가치에 대해서도 깊이 인식하고
절약과 절제를 몸에 배게 해야 한다.

이런 노력의 결과 유대인 아이들은
대부분 중, 고등학교를 졸업하는 순간
부모로부터 정신적, 물질적으로 독립한다.
자녀를 부모에게 의존하게 만드는
일부 부모들에게 시사하는 바가 크다.

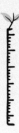

참고 문헌

1. 감출수록 빛나는 가치

감출수록 빛나는 가치 희소성, 「한 컷으로 보는 경제」, 《연합인포맥스》, 2016.
「뭉크의 '절규' 1억 2천만 달러 최고가 낙찰」, 《연합뉴스》, 2012.
「[르포] 발망이니까…H&M 명동 매장 앞, 늘어선 밤샘 줄」, 《뉴시스》, 2015.
위키피디아 en.wikipedia.org/wiki/Edvard_Munch

2. 다시 미국을 위대하게

시장경제와 계획경제, 「한 컷으로 보는 경제」, 《연합인포맥스》, 2016.
「[러시아 소식] 맥도널드 1호점 15주년 맞아」, 《연합뉴스》, 2005.
「마윈 "빅데이터 시대, 계획경제 우월해질 것"」, 《중앙일보》, 2015.
유종선, 「미국사 다이제스트 100」, 가람기획, 2012.

3. 살아남은 라디오 스타

미디어의 대체재와 보완재, 「한 컷으로 보는 경제」, 《연합인포맥스》, 2016.
윤덕노, 「환타의 최초 원료는 '우유 찌꺼기'였다」, 《국방일보》, 2013.
「[제4차 산업혁명 시대]⑥로봇은 인력의 대체재? 보완재?」, 《뉴스웍스》, 2016.
「파리 기후협정, 신기후체제 의미는…195개 선진·개도국 모두 참여」, 《연합뉴스》, 2015.
정재윤, 「나이키의 상대는 닌텐도다」, 마젤란, 2006.

4. 뜨겁지도 차갑지도 않은 수프

오일쇼크 사태로 보는 수요와 공급, 「한 컷으로 보는 경제」, 《연합인포맥스》, 2016.
「석유파동, 제1차 석유파동, 제2차 석유파동」, 「두산백과」
「러-우크라 가스전쟁, 유럽 에너지 대란 오나」, 《머니투데이》, 2014.
「최초 스마트폰 '사이먼' 탄생 20주년 맞아」, 《연합뉴스》, 2014.
김민주, 「시장의 흐름이 보이는 경제 법칙 101」, 위즈덤하우스, 2011.

5. 경제 성장을 가로막는 차별

1인당 국민소득(GNI)과 경제성장률(GDP), 「한 컷으로 보는 경제」, 《연합인포맥스》, 2016.
「현대차, 포니 6대로 시작한 수출… 40년 만에 2,363만 대」, 《한국일보》, 2016.

「국민소득 3만 불 언제? "2020년 이후 가능, 환율 최대 변수"」,《연합뉴스》, 2017.
「세계 각국 리쇼어링 정책은?」,《한겨레》, 2016.
「인도와 나미비아의 기본소득 실험, 희망과 한계 사이」,《조선비즈》, 2016.
「차별만 줄여도 국민소득 1500억 유로(186조 원) 증가」,《한겨레》, 2016.
금융감독원 공식 블로그 fssblog.com/140173620582
국제통화기금 데이터 imf.org/en/Data
한국은행 경제통계시스템 ecos.bok.or.kr

6. 세상을 구하는 기업과 소비자

사회적 기업,「한 컷으로 보는 경제」,《연합인포맥스》, 2016.
「처음 초콜릿 맛본 카카오 농부와 그 불편한 진실」,《서울신문》, 2014.
「무료로 수술하면서 돈도 버는 인도의 아라빈드 안과병원」,《mediask》, 2014.
「Remarks of Bill Gates, Harvard Commencement 2007」,《Harvard Gazette》, 2007.
「가난한 자들을 위한 물통 '큐드럼'을 아시나요?」,《비주얼다이브》, 2014.
프루프 아이웨어 코리아 proofkorea.co.kr
파타고니아 코리아 patagonia.co.kr

7. 실업 걱정 없는 세상

실업과 경제활동인구,「한 컷으로 보는 경제」,《연합인포맥스》, 2016.
「4년제 대졸자 '취업 사교육'에 평균 511만 원 쓴다」,《연합뉴스》, 2015.
「미국 실업률 증가 때 학교 총격사건 많았다」,《경향신문》, 2017.
유진영,「독일의 직업교육과 마이스터 제도」, 학이시습, 2015.
윌리엄 F. 화이트,캐서린 K. 화이트,「몬드라곤에서 배우자」, 역사비평사, 2012.

8. 약탈적 자본으로부터의 탈출

자산과 부채,「한 컷으로 보는 경제」,《연합인포맥스》, 2016.
「인도에 '한국판 카드대란' 오나」,《매일경제》, 2008.
「노벨평화상 수상자 유누스, 그라민 은행」,《연합뉴스》, 2016.
「S&P의 축포, 신용등급 역대 최고 상향」,《한국일보》, 2016.
김순영,「대출 권하는 사회」, 후마니타스, 2010.
주빌리은행 jubileebank.kr

9. 100조 짐바브웨 달러 세뱃돈

1920년대 독일의 인플레이션,「한 컷으로 보는 경제」,《연합인포맥스》, 2016.
「바이오 에너지 열풍 애그플레이션 온다」,《중앙일보》, 2007.

「하이퍼인플레이션 늪에 빠진 베네수엘라…돈 세지 않고 무게 잰다」, 《헤럴드경제》, 2016.
「내 꿈은 100세 대통령' 어느 독재자의 끝없는 탐욕」, 《SBS》, 2016.
「"1조에 달걀 3개"…리디노미네이션 사례 보니」, 《머니투데이》, 2015.
「물가상승률 낮은 게 왜 문제?」, 《파이낸셜뉴스》, 2016.

10. 자국 이기주의가 기승을 부리는 무역

세계무역기구(WTO), 「한 컷으로 보는 경제」, 《연합인포맥스》, 2016.
「롯데, 中 사드 보복으로 상반기 손실 1조 전망」, 《서울경제》, 2017.
「트럼프 보호무역주의 확산에 따른 한국경제에 미치는 영향」, 《현대경제연구원》, 2017.
「난징조약」, 『두산백과』.
「플라자합의」, 『두산백과』.
기획재정부 공식 블로그 mosfnet.blog.me/220887609271

11. 사기와 투기의 대상이 된 화폐

신용의 의미, 「한 컷으로 보는 경제」, 《연합인포맥스》, 2016.
강명구, 「인도 화폐개혁의 의미」, 《Weekly KDB Report》, 2016.
「유로 지폐 30일 첫 선 보여」, 《중앙일보》, 2002.
「마크롱 전 프랑스 경제장관 "유로화 10년 뒤 사라질 수도"」, 《연합뉴스》, 2017.
「비트코인」, 『두산백과』.
「1년 새 3배로 뛴 비트코인… 지금 투자해도 될까」, 《국민일보》, 2017.

12. 가난의 대물림을 막는 금융교육

재무설계의 필요성, 「한 컷으로 보는 경제」, 《연합인포맥스》, 2016.
「삼성전자 최연소 주주 12살 소년 "갤노트7 폭발 이젠 없길"」, 《서울신문》, 2017.
「문맹은 생활을 불편하게 하지만…금융문맹은 생존을 못 하게 한다」, 《매일경제》, 2015.
문미화, 민병훈, 「유태인식 경제교육」, 달과소, 2011.
한국은행 경제통계시스템 ecos.bok.or.kr
기획재정부 공식 블로그 mosfnet.blog.me/220845200952
통계청 공식 블로그 blog.naver.com/hi_nso/220507599626

사진 저작권

1. 감출수록 빛나는 가치

Mario Tama ©Getty Images / 이매진스 (13쪽)

Orjan F. Ellingvag ©Corbis via Getty Images / 이매진스 (16쪽)

©뉴시스 / 이매진스 (21쪽)

©DKSStyle / Shutterstock (25쪽)

©Irina Zorina / Shutterstock (26쪽)

Indiana University Bloomington (27쪽)

chippix ©Shutterstock.com (29쪽)

Patrick Murphy–Racey ©Getty Images / 이매진스 (31쪽)

Michael L Abramson ©Getty Images / 이매진스 (33쪽)

©Viappy / Shutterstock (35쪽)

2. 다시 미국을 위대하게

Bernard Bisson ©Sygma via Getty Images / 이매진스 (39쪽)

Bettmann ©Bettmann Archive / 이매진스 (41쪽)

Everett Historical ©Shutterstock (42~43쪽)

Steven L. Raymer ©National Geographic / Getty Images / 이매진스 (45쪽)

Laski Diffusion ©Getty Images / 이매진스 (46쪽)

Everett Historical ©Shutterstock (51쪽)

©Gino Santa Maria / Shutterstock (52쪽)

MPI ©Getty Images / 이매진스 (54~55쪽)

©VCG via Getty Images / 이매진스 (58~59쪽)

3. 살아남은 라디오 스타

Fin Costello ©Redferns / 이매진스 (64쪽)

©Rob Hainer / Shutterstock (68쪽)

Joe Raedle ©Getty Images / 이매진스 (73쪽)

Master Video ©Shutterstock (76쪽)

Gino Santa Maria ©Shutterstock (78~79쪽)

Noam Galai ©WireImage / 이매진스 (229쪽)

Sheila Fitzgerald / Shutterstock (230쪽)

©뉴시스 / 이매진스 (234쪽)

©testing / Shutterstock (236쪽)

11. 사기와 투기의 대상이 된 화폐

©Featureflash Photo Agency / Shutterstock (241쪽)

©reddees / Shutterstock (243쪽)

©nisargmediaproductions / Shutterstock (244쪽)

©Nykonchuk Oleksii / Shutterstock.com (256쪽)

©Roman Pyshchyk / Shutterstock.com (258쪽)

12. 가난의 대물림을 막는 금융교육

©조선일보 / 이매진스 (263쪽)

©뉴시스 / 이매진스 (268~269쪽)

©Rob Crandall / Shutterstock.com (270쪽)

©Portland press Herald via Getty Images / 이매진스 (273쪽)

©J. Lekavicius / Shutterstock.com (276~277쪽)

*저작권 표시를 하지 않은 사진은 대부분 위키피디아 등에서 구할 수 있는 퍼블릭 도메인 사진이거나
셔터스톡 제공 비에디토리얼 사진입니다.

정리 윤현정
연합인포맥스 「한 컷으로 보는 경제」 메인 작가. 청주대 국어국문학과를 졸업하고 KBS 방송문화센터 구성작가 과정을 수료했다. KBS 「러브 인 아시아」, 「생로병사의 비밀」을 비롯한 다양한 교양 방송 프로그램과 KBS 「한글날 특집 한국어, 세계와 통하다」, SBS 「산업시장의 새로운 꽃, 천연재료」, TV조선 「풍요의 덫 위 적색경보」 등의 다큐멘터리 메인 작가를 맡았다. 현재 KBS 「TV쇼, 진품명품」 구성을 맡고 있다.

살면서 필요한 최소한의 경제 수업

1cm 경제학

초판 1쇄 인쇄 2017년 5월 22일
초판 2쇄 발행 2021년 7월 2일

기획 기획재정부
지은이 연합인포맥스 한컷경제팀
정리 윤현정
펴낸이 김선식

경영총괄 김은영
책임편집 윤성훈 **디자인** 황정민 **크로스 교정** 마수미 **책임마케터** 최혜령
콘텐츠사업4팀장 김대한 **콘텐츠사업4팀** 황정민, 임소연, 박혜원, 옥다애
마케팅본부장 이주화 **마케팅1팀** 최혜령, 박지수, 오서영
미디어홍보본부장 정명찬 **홍보팀** 안지혜, 김재선, 이소영, 김은지, 박재연, 오수미
뉴미디어팀 김선욱, 허지호, 염아라, 김혜원, 이수인, 임유나, 배한진, 석찬미
저작권팀 한승빈, 김재원
경영관리본부 허대우, 하미선, 박상민, 권송이, 김민아, 윤이경, 이소희, 이우철, 김혜진, 김재경, 최완규, 이지우

펴낸곳 다산북스 **출판등록** 2005년 12월 23일 제313-2005-00277호
주소 경기도 파주시 회동길 490 다산북스 파주사옥 3층
전화 02-702-1724 **팩스** 02-703-2219 **이메일** dasanbooks@dasanbooks.com
홈페이지 www.dasanbooks.com **블로그** blog.naver.com/dasan_books
종이 · 출력 · 인쇄 북토리

ISBN 979-11-306-1278-2 (03320)